教师的 6 节心理课
写作赋能

JIAOSHI DE LIUJIE XINLIKE

XIEZUO FUNENG

本书主编: 刘春荣

参编人员: 姚伟伟

马卉媛

郭仁龙

徐 洋

徐世海

北京师范大学出版集团
BEIJING NORMAL UNIVERSITY PUBLISHING GROUP
北京师范大学出版社

图书在版编目（CIP）数据

教师的 6 节心理课 / 刘春荣主编 . -- 北京：北京师范大学出版社，2025.1（2025.8 重印）

ISBN 978-7-303-29691-0

Ⅰ . ①教… Ⅱ . ①刘… Ⅲ . ①教师心理学 - 通俗读物　Ⅳ . ① G443-49

中国国家版本馆 CIP 数据核字 (2024) 第 011326 号

出版发行：北京师范大学出版社 https://www.bnupg.com
　　　　　北京市西城区新街口外大街 12-3 号
　　　　　邮政编码：100088
印　　刷：北京虎彩文化传播有限公司
经　　销：全国新华书店
开　　本：730 mm × 980 mm　1/16
印　　张：12
字　　数：130 千字
版　　次：2025 年 1 月第 1 版
印　　次：2025 年 8 月第 3 次印刷
定　　价：58.00 元

策划编辑：陈红艳　　　　　　　　责任编辑：陈红艳
美术编辑：焦　丽　王钦婕　　　　装帧设计：焦　丽　王钦婕
责任校对：陈　民　　　　　　　　责任印制：马　洁

点亮心灯，赋能教师之旅

教育，是点亮心灵的艺术。作为点亮者、传递者，每位教师心中都怀揣着小小的梦想，积跬步以至千里，点亮孩子的宏大愿景，传递爱与温暖的底色，描绘每个未来的天高云阔。

应该只是凑巧，我们从小到大都听到有关教师的称颂："蜡炬成灰泪始干"，这个点亮带着高尚又有些悲壮。应该不是凑巧，特别在现代社会的快节奏与高期望下，教师的身心负荷日益加重，数据显示有近30%的教师曾出现过严重的职业倦怠，这个点亮又带着自我牺牲和无奈危机。保护教师的能量，提升教师的"心理韧性"与感受幸福的能力，已成为当下教育领域中亟待解决的问题。

这让我们不得不正视：教育的光芒源自教师内心的光明与温暖。只能是有光的老师，才能点亮学生；只有幸福的教师，才能培育幸福的学生。在超乎常人的疲惫、倦怠中，教师作为常人也需要为自己找寻一片心灵的栖息地，为自己赋能，在"成人"的路上方能实现"达己"。

作为北京师范大学教育学和心理学的学习者、工作者，更好地帮助这些教师应对挑战，为他们的教育教学和心理健康赋能，我感觉责无旁贷。因此，从十年前，我就投身到这个领域的公益事业。近年来，得益于学校强大的学科实力和多位专家的支持，我和团队专注于一线教师赋能实践。团队汇聚了一群对教育事业满怀激情、对心理学研究深入钻研的佼佼者。我们的目标就是通过心理学技术和方法，为一线教师提供全面的赋能支持。我们坚信，教师的成长和进步是教育事业发展的关键。因此，我们致力于通过心理学的深邃力量，最大限度地激发教师的潜能，提升他们的专业素养和人生幸福感。

纸上得来终觉浅，绝知此事要躬行。教师的时间和精力能分出多少？心理赋能最近发展区在哪里？用什么方法更高效，能不能打组合拳？要不要组建培训队伍？如何更大规模地影响更多教师？怎样在接住教师情绪的同时学会这种视角和方法？……

路虽远，行则将至。最终，在真实的一线环境下，经过多轮的实验、研究、落地、更迭、再实践，我们总结并完善了这样一套心理赋能组合拳方式：通过开展团体辅导活动、叙事疗法的主题写作或阅读等核心任务，帮助教师改善教学方法、增强自我认知、提升情绪管理能力，在调整好自己的同时，有能量更好地关注学生、影响学生。多次的实验数据表明，更重要的是教师真诚反馈，通过这6节课的学习与互动，全方位地激发了内在能量，自己通过真实的故事讲述、经验分享、情感表达，获得了积极的心理能量和自我赋能。

由此有了《教师的6节心理课》这本书及配套的课程，致力于帮助教师了解心理发展状况、认识自我价值、感受社会支持，提供心理支持的方法与实践建议，从而增强工作热情并提升自我效能感。

本书基于发展心理学中人格发展的八阶段理论，采用团体辅导的课程形式，结合生活故事叙事的技术手段，以主题式写作为载体，设计了6节心理课。每节课触及一个主题，按照团体辅导结构以及人格发展理论展开，分享心理学知识，团体成员展开叙述生活故事。之后选取部分教师的写作成果分享（已获取教师知情同意），最后进行相应的主题对照和内化提升——体验"生活皆教育"，构建一个教育互动闭环。

教育中的摆渡，满怀希望，欣喜胜崎岖。在此，特别感谢樊富珉、张英俊、郭仁龙等老师在我们的项目中给予的宝贵建议和重要参与。特别是樊富珉老师几十年积累的团体辅导理论成为我们实践的基石，她让我看到了专业的力量和教育的大爱，樊老师还让我在不确定中拥有了坚信，慢慢坚持，成为这个领域里社会服务践行者。

也要感谢我的研究生团队的包容和跟随，允许我带领他们也成为真实世界中的实践探索者。

感谢本书编辑陈红艳老师，她希望这本书之后会有一套丛书，她的教育理想点燃了我们每个人，她的诸多建议已经超越了编辑本身，更是我们团队追梦的同行人。

还要感谢书中的每个故事讲述人，他们是平凡的一线教师，更是每个独一无二故事的不平凡的见证人。同样感谢慈弘基金会，他们多年来有心、有爱、有智慧、有行动地投身慈善教育，才凝聚了这么多为爱发电为教育点灯的人。

点亮心灯，赋能教师之旅。也感谢每一位翻开此书的读者，与我们同行，请多批评指正；希望您能在字里行间找到共鸣，感受到那份"心中有温暖，笔尖有力量"的自我赋能之旅。

刘春荣

2025年元旦 于北师大

推荐序

我在教育教学一线工作了50年，深切地感受到时代瞬变如同潮水，不断冲刷、拓宽着我们的认知边界。面对层出不穷的挑战，尤其是AI科技革命带来的时代变革，我们越发感受到，教育不再只是知识的传递，更多应该是心灵的触动和人格的塑造。教师面临着巨大压力，每一位教育工作者都在思考一个问题：新时代中，我该如何提升内在能量，才能葆有无尽的热情与智慧来赋能教育？

要帮助教师解决这个问题，需要从三个层面入手。

一是认知层面，要帮助教师成为探索家，深入地了解学生的心理发展规律，更好地解读学生行为背后的密码，真正"看见"和"理解"每一个独特的个体，学生才会心悦诚服，才会更加信任老师，开始一段更好的师生关系——教育的所有问题归根结底都是关系的问题，那就让我们从构建良好的师生关系开始。

二是情感方面，教师需要成为学生和自己的情绪调音师。他们既能像灯塔一样照亮学生的内心世界，共鸣喜怒哀乐；也要学会自我滋养，通过合理认知、情绪调节，更好地应对工作和生活的压力，保持心灵的丰盈与活力——这样的爱方能如泉涌，不枯竭。

三是行为层面，要传授给教师几件法宝，如同探险家必备的地图和指南针，帮助老师有其心也有其力，能够熟练运用一个或几个可操作的工具和方法去探索、去实践，不断获得来自教学和学生的正向反馈。教师自我赋能后就会激发更大的爱心、效能感和发挥教育中的创造力。

有理论更需要有实践，要实践就要有适合的切入点。刘春荣老师是我的同事，我知道她带领团队一直深耕于此，聚焦一线教师，希望用生动有趣的团体辅导的方式打开教师心理赋能的大门。因此，我其实有许多深深的感动与强烈的期待。

今日终于看到春荣老师的新作，乐在心头，喜上眉梢。这本书从独特的视角深刻地洞察了教育的核心，深入浅出地为教育工作者铺设了一条理解学生心理发展脉络的清晰路径；如沐春风的写作风格，引领读者走进团体辅导的奇妙世界，感受它在教育领域的独特魅力。尤为值得一提的是，团体辅导中加入了对教师写作的引导，这本身就是一种对教师学习成长和心理疗愈有效的、充满创意的方式。除此之外，这本书还从教师的文字作品中提炼心理学理论，总结应用经验，以期能提升教师的内在能量、增强自我效能感。可以说，这本书的内容既具有高度的实用性，又蕴含着恰到好处的理论深度，同时覆盖了广泛的实践领域，为读者提供了将心理学智慧与教育教学实践完美融合的宝贵参考。

如果说教育是心灵的艺术，团体辅导就是这艺术中的交响曲。是的，在我们回答万千的教育问题，在进行各种的教学改革实践中，团体辅导也许是我们寻找答案的重要途径之一。它让每个人在共鸣中成长。它让教师和学生都可以被看见、被听见、被理解，从而激发出他们内在的潜能与力量。春荣老师这位温柔而有力量的教育探索者，带着她的教育梦想，通过持续的教育尝试，为读者编织了一幅理论与实践交织的教师成长画卷。

我很期待有更多的老师和同学投身到为教师赋能的探索领域，相信各位读者也能从这本书中汲取知识与灵感，找到更多有效的团体辅导策略，以及那份在教学旅程中不期而遇的灵感与惊喜。

北京师范大学心理学部临床与咨询心理学院院长

樊富珉

2025年1月1日

欢迎您翻开这本书! 我们不仅为您提供了丰富的阅读内容, 还为您设计了灵活多样的阅读方式。传统地逐页阅读当然没问题, 个性化和高效的阅读路径也欢迎您来尝试。

如果您对我们的**活动形式**感兴趣,

可以翻看每章节**第 1 部分**, 甚至可以尝试自己设计团体辅导活动。

如果您想寻找一些**情感共鸣**,

可以翻看每章节**第 2 部分**, 并留下一些即时感想吧。

如果您对**心理学知识**抱有好奇,

可以翻看每章节**第 3 部分**, 并尝试运用它们。

本书旨在为您提供一个全方位的教师心理赋能工具, 不论您是系统性地逐页阅读还是选择跨章节深入探索, 或是随意翻阅寻找灵感, 我们都希望这本书能成为您心理探索旅程中的良师益友。祝您阅读愉快!

目　录

理论介绍

▶ 成人方能达己

"创生感"是本书赋能教师的核心内容。那么,"创生感"在心理学话语体系中是怎样的一个概念?

"创生感"又被称为"繁衍感"或"繁殖感",是美国心理学家埃里克森在其"人生八阶段理论"中提出的。他认为,人的一生都在持续发展,并将形成和发展的过程划分为八个阶段(四个童年阶段、一个青春期阶段和三个成年阶段),这八个阶段紧密相连,其顺序是由遗传决定的,但是每一阶段能否顺利度过则是由环境决定的,因此,这个理论又被称为"心理社会发展理论"。我们在每个阶段都有要发展的任务,并且每个阶段都建立在前一阶段之上,各个阶段发展任务的完成情况,会对个人的人格形成起到非常重要的作用,每一个阶段都是不可忽视的。

第一阶段

婴儿期（0~1岁）：信任 vs 怀疑

主要任务：建立对他人的信任。

解决问题：我的世界是有所支持的吗?

发展任务：对周围世界尤其是对社会环境的基本态度，培养信任感，克服怀疑感，形成希望的品质。

对成长的影响：

这一时期的婴儿十分脆弱，孤立无援，对生活上的所有需求完全依赖于养育者的照料。

如果养育者能够满足这一时期婴儿的需要，婴儿便可以感受到温暖和安全感，进而与养育者建立起稳固的依恋关系。这样的环境会使婴儿容易对他人产生信任感，发展出对世界乐观的、信任的态度。

相反，如果这一时期婴儿的基本需求频繁得不到满足（饿了的时候没人喂，需要抱抱的时候没人回应），可能会使婴儿充满担忧，易导致日后形成胆小、多疑的性格特点。

简而言之，这个阶段的婴儿需要养育者积极的关爱。唯有当其内心积累起的信任感超越了不信任感时，基本信任对怀疑的危机才能消除。

第二阶段

儿童期（1~3 岁）：自主 vs 羞耻

主要任务：建立做事情的自主性。

解决问题：我可以自己做这件事还是只能依赖别人？

发展任务：培养自主性，克服羞耻感，形成意志的品质。

对成长的影响：

在这一阶段，儿童的自主能力显著提升，开始积极探索周围未知的世界，不断尝试挑战自身能力的边界。他们不仅熟练掌握了爬行、行走等基本身体技能，还学会运用"不"字表达个人意愿，这意味着其自我意识与自主控制能力初步觉醒。

在此关键时期，养育者扮演着至关重要的角色。一方面，需在充分保障安全的前提下，给予儿童充足的自由空间，让他们通过亲手触摸、亲身感受来认知世界，并鼓励其独立完成自己力所能及的事情。通过这样的自主探索，儿童能够逐渐明晰自身能力范畴，塑造出具有自主发展倾向的个性，在此过程中逐步建立起自主感与自我约束能力。

另一方面，适度的规则引导和管教同样不可或缺。养育者要为孩子明确行为的界限，传授基本的社会规则和生存法则。但是，在管教的过程中，应当把握好尺度。过度限制或频繁否定，可能致使孩子陷入自我矛盾，削弱其自主性，甚至可能引发强烈的羞耻感与自我怀疑。

回顾那些在生活中表现出过度依赖、缺乏主见的个体，或许正是由于在这一关键发展阶段，他们的自主性遭受过度压制，从而导致惧怕犯错、担忧批评，最终不敢展现真实的自我。

因此，养育者应珍视并积极鼓励儿童的每一次探索尝试，让自主性成为其性格塑造中最为鲜明的特质。

总体而言，在该阶段应着重引导儿童探索并认知自身能力。当儿童在此阶段所体验到的自主性超过羞耻感与自我怀疑时，便能够逐渐形成坚毅的意志品质。

第三阶段

学龄初期（3~6 岁）：主动 vs 内疚

主要任务：建立创造力和想象力。

解决问题：我是好人还是坏人?

发展任务：培养主动性，克服内疚感，形成目标的品质。

对成长的影响：

在这一阶段，儿童的智力与综合能力呈现出突飞猛进的态势。他们的语言表达能力日益精湛，遣词造句愈发流畅自如，思维水平也得到了显著提升，不再仅仅停留在直观的认知层面，而是开始尝试进行更深入的思考与分析。此时的儿童，对周围的一切事物都充满了强烈的好奇心，每一个新发现都能激发他们无尽的探索欲望。创新意识也在心中悄然萌芽，以前所未有的活力蓬勃成长。

在这一关键的成长时期，父母的态度与行为对儿童的发展方向起着举足轻重的作用。当父母能够敏锐地察觉到儿童所展现出的创新力与天马行空的想象力，并给予充分的认可、鼓励与支持时，就会极大地激励儿童。这不仅会让儿童更加坚定地保持自身的主动性，勇敢地探索未知，积极尝试新事物，大胆挑战新领域，还能在他们内心深处种下自信与勇敢的种子。同时，这个阶段也是帮助儿童建立兴趣爱好的重要时期。父母通过细致入微的观察，把握儿童的兴趣所在，能够为他们搭建起通往热爱领域的桥梁，助力其发展专长，让兴趣逐渐得到发展和提升。

然而，需要明确的是，支持儿童的独立精神绝并不等同于毫无原则的放任自流。养育者在尊重儿童独立性的同时，需要巧妙地运用恰当的控制与引导策略。一方面，给予儿童足够广阔的自由空间，让他们在这个空间里能够自由地表达内心深处的想法和感受，充分发挥自己的创造力与想象力；另一方面，也要为儿童设定清晰合理的规则和明确的界限，就像为航船划定安全的航道一样，确保儿童的行为始终处于安全、健康的轨道，既不会伤害自己，也不会损害他人的权益和对社会秩序造成不良影响。

反之，如果父母在这一阶段对儿童的主动探究行为持嘲笑的态度，或者对他们的创新尝试给予否定性的评价，这无疑会像一场突如其来的寒流，冷却儿童内心刚刚燃起的自信与热情。儿童可能会因此逐渐陷入自我怀疑的困境，为自己曾经积极探索的行为感到深深的内疚和羞愧。这种负面的情绪体验可能会如同阴影一般，长期笼罩在儿童的心头，挫伤他们的积极性和主动性，使他们在未来的人生道路上，缺乏追求梦想、创造幸福生活的动力与能力。

因此，养育者在这一关键阶段，需要在支持儿童独立精神与保持恰当控制及其引导之间找到完美的平衡。通过这种方式，为儿童的健康成长保驾护航，帮助他们逐步形成目标明确、积极向上的优秀品质，为未来的人生奠定坚实的基础。

第四阶段

学龄期(6~12 岁)：勤奋 vs 自卑

主要任务：建立学习生活的勤奋感。

解决问题：我是有竞争能力的还是无用的?

发展任务：培养勤奋感，克服自卑感，形成能力的品质。

对成长的影响：

这个阶段基本涵盖整个小学时期，儿童开始系统地学习各种知识技能，因此学习是这个时期儿童的主要活动。

如果在这一阶段儿童能够得到家长和教师的支持，获得更多成功的经验，其勤奋感就会加强，满怀动力地继续前行，感受自我价值，对未来的工作和生活充满憧憬和信心。

倘若没有形成这种勤奋感，他们可能会逐渐失去信心，对自己的能力产生怀疑，进而滋生出一种自卑感。这种自卑可能会伴随他们成长，导致他们对未来的工作缺乏兴趣和信心。

但是，如果在这个阶段的儿童过分看重学习，认为学习是唯一重要的事情，那么他们成年后可能会陷入一种误区，认为工作就是生活的全部，这样的观念容易导致生活较为单调乏味。

因此，家长和老师需要给予这个阶段的儿童充满爱关爱的支持，鼓励他们顺利完成学业，同时更要引导他们认识到学习并不是生活的全部，也需要努力做到各方面均衡发展。

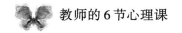

第五阶段

青春期（12~18岁）：同一性 vs 混乱

主要任务：建立自我认同的同一性。

解决问题：我是谁？我要去哪？

发展任务：培养自我同一性，防止角色混乱，形成诚实的品质。

对成长的影响：

这个阶段，儿童进入青春期，随着第二性征的逐步显现，标志着他们的身体发育进入了一个全新的阶段。与此同时，他们的思维方式也在逐渐成熟，开始更加深入且全面地对自身存在的意义、人生的价值与未来发展等问题展开深度思考。

在这个心理极为敏感的阶段，青少年在不同的社会角色中，无论是身为学生、子女，抑或是朋友，都表现出对他人评价的高度关注。倘若这一阶段青少年的身心发展过程顺利，他们便会在潜移默化中逐渐形成诚实可靠的品质，对自我以及周围世界构建起清晰且稳定的确定性认知。这种认知有助于他们在复杂的社会关系网络中找到属于自己的位置，从而增强归属感，以更积极乐观的姿态融入社会生活。

然而，若在这一关键阶段发展遭遇阻碍，青少年则可能会陷入对自我和世界认知的混沌状态，难以清晰把握自身定位与世界运行规律。这可能导致他们在社会生活中缺乏归属感，外在表现为对他人和社会持冷漠态度，对周遭事物的关爱意识明显淡薄。

在青春期的发展进程中，他人评价与自我认知之间的一致性对青少年"同一性"的形成起着决定性的关键作用。当两者达成高度契合时，青少年则能更为顺利地完成自我认同的构建，从而自信且坚定地朝着理想的方向前行。反之，若两者之间存在较大差距，便极有可能引发"同一性混乱"的困境。

处于这种混乱状态下的青少年，可能会陷入深度的自我迷茫之中，对自身的优势特长、兴趣爱好等关键方面缺乏清晰认知。自我怀疑的负面情绪也可能会在内心不断滋生，进而严重干扰他们在学业规划、职业选择、社交关系处理等诸多人生重要方面的决策与判断。

因此，青春期的青少年需要积极主动地采取行动，全力以赴形成清晰明确的自我认同感，着力培养独立且正确的价值观体系。在成长的漫漫长路上，学会以平和、理性的心态面对成功与失败，将每一次经历都视为成长的宝贵财富。通过不断地探索未知、尝试新鲜事物，主动且深入地了解他人与社会运行的规律，从而在这个充满挑战与机遇的人生阶段，精准定位自己，实现身心的健康、全面发展。

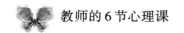

第六阶段

成年早期（18~25 岁）：亲密 vs 孤独

主要任务：建立良好的亲密关系。

解决问题：我应该同他人分享我的生活还是独自生活？

发展任务：获得亲密感，避免孤独感，形成爱的品质。

对成长的影响：

进入这个阶段的重要前提，是前五个阶段都已经顺利"通关"。

在这个阶段，如果可以与家人或朋友分享自己的情感与观念，就会逐渐产生亲密感。这种亲密感为未来的人际关系奠定了基础。拥有亲密感的人，在以后的生活中更容易与他人建立深层次的亲密关系，他们能够以开放、包容的心态去接纳和信任另一个人，并且愿意互相承担，有所牺牲和付出。

然而，如果一个人在此阶段无法把自己的喜怒哀乐和思想情感与他人分享和交流，就会感到孤独寂寞。这种孤独感如果长时间占据个体的内心，不仅不会形成爱的品质，还有可能在寻求情感满足时变得盲目和冲动，做出不理智的选择，从而可能会形成混乱的两性关系。

因此，这个阶段的重要发展任务就是发展出与他人共享亲密的能力。

在此阶段，青年朋友要试着敞开心扉，勇于表达自己的情感和想法，同时倾听和理解他人的感受，在交流互动中逐步建立与他人之间的深厚联系，从而获得更多的情感支持和满足感。

第七阶段

成年期（25~65 岁）：创生（繁衍）VS 停滞

主要任务：创造属于自己的"作品"。

解决问题：我会生产出一些真正有价值的东西吗？

发展任务：获得创生感，避免停滞感，形成关心的品质。

对成长的影响：

这个阶段非常长，几乎占据了人生的一半。

在这个阶段，创造作品不仅是繁育下一代，还包含"创造能力"和"生产能力"（如拍摄出好的电影、写出好的作品）。

在这个阶段中，当一个人创生感高于停滞感，他会关心自己的家庭成员、关爱自己的子孙后代、关注社会上的其他人，给后代提供无私的指导和帮助。在事业上表现为敢于进取，勇于创造。

然而，如果一个人在这个阶段未能激发出创生感，他的人生可能就会感到贫乏无味，同时也可能会失去关心他人的能力，不顾他人苦难，自私自利。

因此，这个阶段最需要考虑的是自己是否可以创造出一些真正有价值的东西，并考虑能给下一代留下什么。

第八阶段

成熟期（65 岁以上）：完整 vs 绝望

主要任务：心满意足地离开这个世界。

解决问题：我生活得完整吗？

发展任务：获得完善感，避免绝望感，形成智慧的品质。

对成长的影响：

这一阶段是人生的最终阶段，个体的内心状态与其之前经历的七个阶段息息相关，紧密相连。

倘若一个人在过往的七个阶段中，能够较为圆满地完成各项人生任务，实现诸多目标，并积累了丰富的人生经验，那么他往往会感到自己的这一生颇具价值、意义非凡。怀揣着这份笃定与释然，他能以更加从容的心态直面生命的终点，平静地迎接死亡的到来，心中少有畏惧与遗憾。

然而，一旦在前七个阶段中，种种原因导致未能妥善完成任务，留下了诸多难以弥补的遗憾和未竟之事，那么个体便极有可能陷入深深的绝望之中。所以，在人生的最后阶段，个体需要依据自身的身心实际状况，对当下生活做出适宜的调整与规划。可以去探寻生命的意义，追寻内心的满足感，珍惜眼前所拥有的一切，对过往经历心怀感恩，切不可一味地沉溺于过去的失误与悔恨之中。唯有如此，方能坦然面对生命的终结，驱散对死亡的恐惧，以一颗平和、宁静的心，优雅地迎接生命的最后时刻，为自己的人生画上一个圆满的句号。

以上就是埃里克森的"人生八阶段理论"，八个阶段相互关联。根据这个理论，人的一生就像是在"玩游戏"，需要逐级"通关"，才能完成一生的任务。

"人生八阶段理论"为不同年龄段的教育提供了理论依据和教育内容，每一阶段的发展出现重大"失误"，或多或少会给一个人整体发展造成一些阻碍。它也告诉每个人自己为什么会成为现在这样，你的哪些心理品质是积极的，哪些是消极的，这些品质是在哪个阶段形成的。"人生八阶段理论"是我们认识自己的参考和依据。

在了解"人生八阶段理论"之后，我们再来详细介绍什么是"创生感"。埃里克森将创生感解释为对养育支持、关注下一代，他认为创生感不仅包含了生殖的部分，还包含了生产和创造等社会心理内容。也就是说，创生感不仅指生育和照料后代，还指在工作上和生活上有所创造。创生感发展的阶段对应的年龄阶段为25~65岁，其默认的前提是个体在确立了自我同一性，获得了亲密感之后，开始关心和引导下一代，将爱和亲密扩展到下一代。即使个体没有自己的孩子，也可以在关心和帮助他人的孩子中获得创生感。关心下一代的人可发展出自愿关心他人疾苦，给人以温暖和爱的品质。否则发展可能会停滞，成为人际关系贫乏的人。

在创生感的整合理论框架中，包含了四个层面，对应七种成分。第一个层面是动机来源，其成分是文化需求和内在需求；第二个层面是想法与计划，其成分是关注、信仰和承诺；第三个层面是行为，其成分是以具体行动来体现；第四个层面是意义，其成分是以生活故事叙述的方式来体现（详见图0-1）。

创生感被认为是健康成年人人格的一个重要组成部分。具有创生感的成

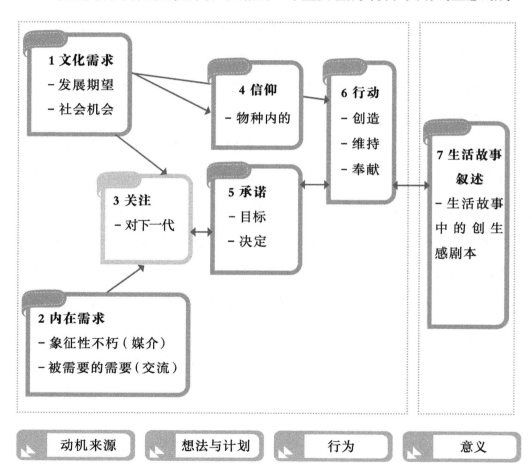

图 0-1 创生感整合理论框架

年人保持着对年轻后代福祉的关心与期望。他们会用自身行为促进年轻人的成长，并建立一个有利于年轻人发展以实现他们最大潜力的环境。

　　在本课程的学习中，我们将带领教师建立高信任度、高凝聚力的团体，在团体中进行关于创生感的各层面的心理学知识的学习与分享，同时配合生活故事叙述的方式来激发和提升教师的创生感。利用创生感的强大内生动力来激发教师的自我效能感，感受来自他人与社会的支持，降低教师在经年累月的工作中积累的倦怠，通过有效提升教师的积极心理能量包含其创生感来促进教师幸福感和工作投入水平。

▶ 每周十分钟，身心更健康？

国外学者莫妮（Moieni）等人在2020年曾经通过描述性写作的方式来提升参与成员的创生感，有意思的是他们结合了参与成员的身心健康和炎症情况来对其进行评估。

他们根据年龄、表达能力、是否可以通过计算机回复邮件、身心是否健康、生活是否规律等条件来确认报名者的参与资格。将通过筛选的成员随机分为两组，请参与者签署知情同意书，在活动开始前完成生理指标检测和创生感相关情况问卷测量。

这项活动持续进行了六周，所有成员每周都会收到一封电子邮件，要求其按照相应主题，在独立且安静的环境中进行不少于十分钟的主题写作，每周写作完成后两组成员都会接受一次问卷评估。其中一组接受到的任务是与中年群体分享自己的经验和建议，这一组的成员需要回答一些具有创生感倾向的问题，例如："你觉得你在一生中学到了什么最重要的教训？"然后成员需要思考并写下自己认为对于这些寻求建议的中年人而言较为重要的一些内容。而另一组成员的任务是完成中性或者描述性写作的任务，例如："请描述你今天吃了什么午餐，它看起来像什么？请试着关注你吃的东西的细节，这顿午餐带给你的视觉感受和味蕾感受是怎样的。"

在上述过程中分别给两组成员各配备一名带领者，其中创生感主题的那一组的带领者会与成员进行面对面的沟通，而另一组的带领者在两个月后的随访中才与成员见面。

　　这一设计在心理学研究中被称为"对照实验"。分组对照实验通过将参与者随机分为两组并进行不同的写作任务，可以认为这两组成员除了写作的内容不一样之外，其余的方面都是一样的。

　　简单来说，研究人员把参与者随机分成了两组，主题写作组写关于自己的人生经验和建议，这样可以激发他们的创生感，也就是传递经验、帮助别人的愿望。描述性写作组则写一些比较普通、描述性的东西，比如他们午餐吃了什么。之所以这么做，是为了更清楚地看到创生感对人们身心健康和体内炎症的影响。对于接受创生感主题写作任务的那一组，研究人员会面对面地给他们反馈，帮助他们明确写作方向，确保任务完成得更好，也可以随时了解他们的感受。而完成中性或描述性的写作任务的那一组，研究人员不需要太多的即时指导，实验结束后的沟通主要是为了解答他们可能有的疑问，并收集实验结果。

　　通过比较这两组人在实验前后的身体状况，研究人员可以更容易地分析出创生感对人有哪些具体的好处，以及这种好处在不同年龄、性别、健康状况的人身上是不是都一样。他们就能更深入地了解创生感是怎么起作用的，以及它在什么情况下最有效。

▶ 聊一聊此时此刻的想法

只是通过六周连续十分钟左右的写作，能有多大的力量？不妨在阅读答案之前预估一下。

这个活动提升了参与成员的创生感吗？答案是否定的。

目的都没达到，这个活动是不是失败了？答案依旧是否定的。

虽然活动成员创生感的水平并未出现显著的提升，但是其身体炎症指标的各项数据都发生了显著变化，证明了写作对于身心某些维度具有影响，这为后续创生感在心理学的探索和研究的现实意义提供了更广阔的思路。

简言之，通过六周十分钟左右的写作，参与成员的身心变得更健康了。

那么问题来了，这个结果稳定吗？是不是所有的作家都"身体倍儿棒，吃嘛嘛香"？

如果单看某些写作的大家，近代作家中确实不乏百岁老人，如郑集110岁，杨绛105岁。古代文豪也不乏身体康健、福寿延绵的，如陆游85岁，白居易74岁，苏轼73岁，这在中国古代也都是高寿了。这么一想，还挺是那么回事儿的。但是转念一想，顾城、王小波、三毛、海子也是作家，却英年早逝。或许写作并没有那么大的威力，或者说，只是写作很难成为我们身心康健的护身符。

▶ **创生感的研究，写作的作用，到底是不是伪命题？**

我们团队成员进行了很长时间的文献阅读和讨论交流，不断地尝试和分析创生感起作用的可能性。

如果真的有作用，是什么因素在起作用，仅仅是写作就能让人的身心健康吗？

创生感的力量如果这么强大，它可否在一定程度上支持到教师群体？

我们是不是可以有更大胆的想法：如果把写作作为一个路径，打破原来的学者从个体层面去提升其创生感的思路，是不是可以发现更有价值的内容？

一方面，于我国庞大的教师群体数量而言，或许以团体为单位的创生感赋能范式会具有更广泛的推广意义。

北京师范大学心理学部王芳教授说："原来我们的自我是镶嵌在别人的自我里的，但是现在人与人的关系变得更弱了，于是自我掉下来，变得没了着落。"另一方面，在人际关系变弱的当下，我们想在赋能教师的同时，通过一个契机，去托住掉落下来的自我。至少，有那么几个片段，有那么一些人，在某一些时刻，给予彼此支持、理解，抑或只有倾听以及隔空的共情。

▶ 教师的 6 节心理课的定位

以团体心理辅导为活动形式，以生活叙事写作为技术手段，以心理学知识在教育场景的应用为抓手，为教师群体赋能。

▶ 团体心理辅导

教师赋能体系中，非常重要的一环是以团体心理辅导的形式去建立支持性的团体。团体心理辅导以心理学理论和技术为基础，有着广泛的应用场景。樊富珉教授认为团体心理辅导是指团体成员在带领者的引导下，围绕成员所关心的一个或多个主题进行人际互动，通过观察、体验、分享、反馈，认识自我、了解他人、改善人际关系，学习新的态度和行为方式，以发展成员良好的生活适应性的助人过程。

团体心理辅导的受众是正常人，目标是发展成员技能，预防教育缺失和一系列的心理问题，不同于帮助成员解决实际问题的咨询团体，也不同于需要帮助症状群体重建人格维度的治疗团体。换言之，在赋能教师体系中，我们先给团体性质做了定位，即团体心理辅导，面向心理较为健康的普通教师。

团体心理辅导的原则

第一，真诚地倾听。即使别人的观点和我们不一样，我们也不去争辩谁对谁错，只是真诚地倾听，并分享我们的观点，做到不批评、不指责。

第二，保密。为别人的故事保密，把感受带走，把故事留下。在没有得到允许的情况下，不在团体外议论团体内的人和故事。

第三，投入。越真诚地分享倾听，越沉着地思考，我们的收获也会越多。

▶ 叙事写作

莫妮等人（2020）降低了生活故事叙事的难度，开发出了生活故事写作干预范式，以写作的方式进行生活故事的叙述，但不侧重故事的重构。他们认为叙事写作就是一个有创生感的行为，可以对创生感起到干预作用。

叙事疗法强调用积极的眼光和视角去看待经验，看到自己正向的能量，这本身就是赋能的过程。叙事写作疗法通过鼓励个体创作个人故事，成为自己人生故事的创作者，从而探索和赋予个人经历以新的意义。通过写作，个体可以重新审视和重写那些影响自己的"问题故事"，获得新的视角和力量。同时，写作可以帮助个体将问题"外化"，即将问题视为外在的，而不是自己身份的一部分，减少自我认同的负面影响。治疗师可能会通过提问来引导个体深入探索自己的经历和情感，寻找故事中的"独特发现"或例外情况。这种过程不仅是一种情感宣泄和压力舒缓的方法，还可以帮助个体挑战旧信念，发现和创造替代性的故事，提供新的积极的自我认同，让你看到有能力的自己、被人喜欢的自己、有价值的自己。当带领者引导你用积极的眼光去看待那些已经发生的故事，或许你的内在能量已经开始被唤醒了。

叙事写作的做法通常包括选择有意义的主题，在安静舒适的环境中设定固定的写作时间，通过自由写作表达内心的真实想法和情感，最后进行回顾和反思。这一过程不仅能帮助个体释放压抑的情感，减轻心理压力，还能增强自我理解，提升心理健康水平。通过这种方式，个体能够更深入地了解自己的内心世界，重新获得对生活的控制感和主动权，看到自己有能力、有价值的一面，从而获得改变现状的动力和方向。叙事写作为个体提供了一种非指责、去病理化的方式来理解和应对个人问题，强调个体的主动参与和自我赋权，从而促进个人的成长和发展。

叙事写作方式

1. 自由写作：充分赋予写作者自由，无须过多构思，直接将脑海中的想法、即时的感受以及亲身经历的事件书写下来。不追求文笔的华丽，更注重真实情感的流露，使写作成为一种自我表达和释放的途径。

2. 回忆性写作：通过深入挖掘记忆，写作者选择那些具有标志性或对个人成长产生深远影响的事件进行细致叙述。帮助个体回顾和审视自己的过去，促进对自我的重新认识和深刻理解。

3. 指导性写作：在带领者的引导下，写作者围绕特定的主题或问题进行有针对性的撰写。例如，以"我如何应对生活中的挑战"或"我的榜样"等为主题，展开深入且结构化的叙述。通过专业的引导，帮助写作者更精准地捕捉和表达内心的想法与感受。

叙事写作不仅是一种自我探索与认知的途径，它能让个体更深入地了解自己的内心世界，发现自己的价值观、信念和人生目标，通过书写个人经历的方式进行情感释放与疗愈，帮助个体宣泄压抑的情感，实现内心的和谐。此外，通过回顾和记录自己成功应对挑战的经历，叙事写作还能提升个体的自信心和自我效能感，也能促使个体从过去的经验中吸取教训，促进个人成长和发展。

叙事写作流程

1. 准备阶段：选择一个安静、独立的环境，确保心境平稳，准备好纸笔或电子设备用于写作。

2. 主题设定：可以根据自己的需要或带领者设定的主题进行写作。

3. 开始写作：按照选定的主题开始自由书写，不用过于在意写得是否流畅或准确，重点是真实地表达自己的想法和情感。

4. 分享与反馈：如果愿意，可以将自己的作品与他人分享，听取他人的反馈和建议，以获得更多的视角和启发。

请在安静、独立、平稳的环境下完成，写作时长尽量不低于10分钟。

在嘈杂或忙碌的环境中，人们往往难以集中精力，而在安静的氛围下，思维更加清晰，能够更好地捕捉和整理内心的想法和情感。

在没有他人在场的情况下，个体能够更自由地流露真实情感和想法，无须担心他人的评价或看法，有助于写作者更深入地探索自我，诚实地面对自己的内心世界。

在心境平稳的状态下，写作者能够更冷静地审视自己的经历和情感，从而更准确地表达自己的思想和感受。

简言之，安静的环境有助于减少外部干扰，独立的空间提供了一个自由表达的环境，心境平稳是进行深入思考和写作的必要条件，而写作时长的要求，是为了确保写作者有足够的时间进行深入的思考，为个体提供一个较长的窗口以探索、整理和表达自我，从而达到叙事写作的真正目的。

▶ 总结一下

我们优化了前人探索的叙事写作方法，并巧妙地将其与生活故事的深层意义相融合。通过这种创新方式，我们采取将团体心理辅导与叙事写作相结合的形式来增进教师的互动，发展他们的教学技能，并激发他们的教学热情。

工具是实现目标的桥梁。因此，借鉴团体学习的形式，我们可以更有效地提升教育的整体质量，更精准地解决当前教育面临的问题。我们诚挚地邀请您与我们一起探索这种全新的教育模式。

在本书的结尾部分，我们精心准备了一份示例团体方案。这份方案不仅是一个具体的操作指南，更是一个灵感源泉，希望您能根据自身的教育环境和需求，量身定制出独一无二的班级团体活动。

那么，如何根据我们的示例来制定您的团体方案呢？

1. 理解示例方案：仔细阅读我们提供的示例团体方案，了解其背后的设计理念、活动流程以及预期效果。

2. 分析班级特点：深入分析您所带班级的具体特点，包括学生的年龄、兴趣、学习能力等，以及班级的整体氛围和教学需求。

3. 定制活动内容：根据班级特点，调整示例方案中的活动内容，确保其既符合学生的实际需求，又能有效达成教学目标。

4. 明确活动目标：为每个团体活动设定明确的目标，这些目标应与您的教学计划和学生的个人发展目标紧密关联。

5. 准备所需资源：根据活动内容，提前准备好所需的教学材料、道具等，确保活动的顺利进行。

6. 实施并调整方案：在活动实施过程中，密切关注学生的反应和表现，根据实际情况对方案进行灵活调整，以确保活动的最佳效果。

期待您根据我们示例的团体方案，设计出一场既富有创意又贴合班级实际的团体活动，在实践中不断探索、创新，为教育事业注入更多活力和智慧。

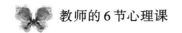

▶ 具体而言，这本书想提供些什么

本书总结了我们团队所开展的教师的6节心理课所涉及的内容，每节课包含四个部分。

第1部分，为您介绍团体辅导的主题和活动流程。

第2部分，与您分享部分参与活动教师的写作内容，从中提炼出可以应用于教育生活中的心理学效应。

第3部分，将第2部分和心理学效应凝练为知识分享，期待可以让您有所收获。

第4部分，希望各位读者朋友可以像参与活动的教师一样，在我们设问的部分停留思考，回忆一下自己的教学生涯中是否有些场景可以用书中所分享的理论解释，并期望您能在实操部分留下自己的故事。

第1节课

自知而后自明

—— 不是因为看到而相信，而是因为相信才看到发展期待与社会机会作为创生感文化需求的维度，承载了教师对学生、自我，以及教育的祈望。

说到教师的期待，多数老师会想到自己的学生，他们希望学生能有光明的前途、美好的未来，希望学校能为学生提供更好的教育环境和资源。多数教师的成就感取决于学生的成功，引以为傲的就是桃李满天下。教师的期待会激发学生主动探索的能力，很多时候学生为了不让老师失望，为了达到老师心中对自己的期待，会爆发出很大的潜力，努力变成老师心目中的样子。同样也存在因教师期望过高，学生努力过后发现自己达不到，进而认为自己能力不够，引发学生的"习得性无助"。教师的期待充满巨大的能量，但需要斟酌使用，面对学生需要循循善诱，积跬步以至千里。

教师的期待是值得珍视的力量。通过明确目标、选择适当的教育方法、借助合适的教育资源等方式，教师可以推动学生的全面发展和教育事业的长足进步。同时，教师定期的反思可以避免教育中的一些误导，提高自身教育教学水平。

思考：

（1）您眼中的教育是什么样的？

（2）在教育中，您对自己有什么样的期待？

（3）请回忆在您的教学生涯中一件和期待相关的事情，这件事情让您感觉自己正在朝期待的方向前行。

第1部分　活动流程

第1节团体辅导活动以"自知而后自明"为主题。此次活动深入剖析创生感中的"文化需求"—"发展期望与社会机会"维度，着重聚焦"期待"这一关键要素在教学领域的重要意义。

活动初始，带领者携手助教团与来自各地的参与教师于网络空间首次相聚，正式拉开了为期6周的团体辅导之旅的帷幕。在整个活动过程中，大家始终秉持真诚分享、倾心倾听、深入思考、积极参与的准则，齐心协力营造出一个温馨、和谐、不批评、不指责的交流环境。在这里，每位参与者不仅留下了自己的故事，也收获了丰富而深刻的感悟。

为有效打破初次见面时的陌生与拘谨，带领者精心筹备了趣味盎然的"切土豆"热身小游戏。该游戏规则简洁明了，却极具互动性，通过不同手势分别对应土豆、土豆块、土豆丝、土豆片、土豆丁。在带领者的热情带动下，教师们迅速融入游戏节奏，在"土豆土豆土豆块、土豆土豆土豆片……"的明快口令中，快速且准确地变换手势，现场气氛瞬间被点燃，充满欢声笑语。大家全身心投入其中，彼此之间的距离得以迅速拉近，为后续活动营造出开放、包容且活跃的良好氛围。

游戏结束后，为确保每位参与教师都拥有充分的交流机会，参与教师被随机且均衡地分成若干小组。在小组内部，参与教师依次展开自我介绍。他们不仅分享了个人基本信息，还深入阐述了对乡村教育的独到见解与殷切期待。有的教师表达了对乡村孩子们纯真善良品质的由衷喜爱，有的则对当前乡村教育资源匮乏的现状深表忧虑。为进一步增进彼此间的了解，带领者鼓励参与教师分享旅行经历、家庭趣事等丰富多彩的个人经历与兴趣爱好。在这一过程中，参与教师逐渐放下内心的防备，敞开心扉，畅所欲言，尽情分享自身的故事与真切感受。与此同时，每组推选一名责任心强、沟通能力出色的组长，负责统筹协调组内各项活动，确保每位参与教师都能积极参与其中，充分发表自己的观点。

小组组建完成后，带领者引领参与教师开展"我和我眼中的乡村教育"主题绘画创作活动。在创作过程中，参与教师充分激发自身的想象力与创造力，运用丰富的色彩和灵动的线条，生动地勾勒出各自对乡村教育的独特理解与美好期待。有的教师描绘出乡村孩子们在简陋教室里全神贯注学习的场景，传递出为孩子们提供更优质教育资源的迫切愿望；有的教师则勾勒出乡村学校周边的秀丽风景，寄托着对乡村教育未来蓬勃发展的美好憧憬。绘画完成后，参与教师在小组内踊跃展示作品，并积极交流各自的创作思路与内心感受，在思想碰撞中寻求强烈的情感共鸣。

紧接着，活动步入回忆与分享环节。在静谧而温馨的氛围中，参与教师缓缓闭上眼睛，通过深呼吸调整状态，开启一段关于教学生涯的回忆之旅。他们努力回想与"期待"紧密相关的一件事，这件事既可以是一次成功的教学实践，也可以是经历挫折后的深刻反思与成长蜕变。随后，参与教师在组内深情分享自己的故事。有的教师讲述了凭借不懈努力取得教学成就的艰辛历程，有的教师则分享了在面对学生问题、家庭困难或教学挑战时的困惑与挣扎，以及最终成功找到解决办法、走出困境的宝贵经验。在分享过程中，参与教师不仅释放了内心积压的情感与压力，还从彼此的故事中汲取了宝贵的经验与力量，深切体会到教育所蕴含的强大感染力与深远影响力。

活动接近尾声，带领者对参与教师的积极投入与真诚分享表达了诚挚的感谢，并精心布置了一项写作任务作为活动的延伸。参与教师需在安静、独立、平稳的环境下，以"期待"为题撰写一篇短文，详细描述教学生涯中与自身期待和追求紧密相关的一件事，深入思考这些期待对教学行为与决策产生的具体影响，以及如何将这些期待切实转化为实际行动，为学生的成长与发展贡献更多的智慧与力量。

本次活动在温馨、和谐的氛围中圆满收官。通过此次活动，参与教师不仅增进了彼此之间的了解与友谊，更为重要的是，他们对自己在教学生涯中的期待与追求有了更为深刻的认识。相信他们将带着这份满满的期待与强大的力量，在未来的教育道路上坚定前行，为推动教育事业的蓬勃发展贡献更多的光与热。

第 2 部分　教师写作

我有十二个手指头

毕节市赫章县罗州镇松林小学

黄佑臣

人生在世，白驹过隙。我从事教育工作已32载，在这32年的教育春秋中，有许多事情至今让我记忆如昨，难以忘怀。

记得21年前的开学初，一位一年级的数学老师因家中有事，请我帮忙代节课。这节课是要教会孩子们识数，我就设计了一个小游戏。上课时，我兴致勃勃地走进教室，问孩子们："请你们告诉老师，每个人都有多少根手指头呀？"孩子们都积极踊跃举手，争先恐后地回答我的问题，只有坐在后排的一个小女孩晃动了几下小手，便又放下了。我走下讲台，和蔼地问道："你能告诉老师你一共有多少个手指头吗？"她起身回答："我有十二个手指头。"话音刚落，同学们就哄堂大笑，我注意到她的同桌还把她晃动的手使劲拉了一下。我俯下身再次问她："你是不是数错了？能再数一下吗？"小女孩毫不迟疑且声音洪亮地说："我就是有十二个手指头，没有数错，昨天妈妈还教我数了好几遍呢！"

当时我根本没有接纳她的答案，也没有观察她的手指，而是不断重复让她再数一遍，还摊开自己的双手给她数。小女孩让同学们笑得有点难为情了，红着脸委屈地对我说："老师，我没有数错，我是有十二个手指头，不信，你瞧！"我说："你能举起手让大家一起帮你数数吗？"此时，她的同桌小声对我说："老师，她真的有十二个指头，不信，你看。"说着便拉起小女孩的双手。小女孩不情愿地举起两只小手，我定睛一看，十分震惊！原来小女孩的两手拇指处各多长出了一个手指头，所以她才总是回答自己有十二个手指头。我犯了一个极大的错误，凭着常识性的主观臆断，不断否定她的答案。我轻轻地放下她的小手，愧疚地对她说："你真棒，你数对了，老师表扬你。"我带头鼓掌，随即同学们都为她送去热烈的掌声。下课许久，我内心还是愧疚不安。

在那之后的教师生涯中，我学会了接纳学生不同的答案，尝试了解答案背后的故事，不随意否定学生的答案，更不在无意中伤害孩子们幼小的心灵。这件事情已过去21年了，但它随时都警醒着我要去真正了解每一位学生，善于观察学生的言行，走进学生的内心世界，保护每位学生的独一无二，做到因材施教。

『确认偏误』

当教师询问小女孩手指头的数量时，她坚定地回答有十二个。然而，教师凭借自己的常识性判断认为小女孩数错了，没有考虑到她的答案可能是正确的。这种常见的先入为主的观念就是心理学中的确认偏误效应。它是指我们在面对信息时，往往倾向于寻找、关注和解释那些能够证实自己已有信念或假设的信息，而忽视与之相悖的证据。在某种程度上，确认偏误可能会使我们陷入固定思维的陷阱，甚至影响我们对他人的理解和关爱。

在面对他人传递的信息时，我们要努力摒弃先入为主的看法。当我们用关怀和包容的心去理解他人时，不仅能拓展自己的视野，还能建立更加深刻、真诚的人际关系。在生活中意识到确认偏误的存在，可以帮助我们成为一个更加包容、善于倾听和理解的人。

一次"特别"的聊天

白银市景泰县石城小镇小学
谢忠芳

上学期一个周三的早上，学生们刚到校不久，我就接到一个家长的电话，说他孩子拿了家里的几百元钱，还和别的孩子一起花掉了，让我问问别的孩子是怎么回事，到底是自己孩子拿给别的孩子花掉了，还是别的孩子欺负他孩子，找他孩子要钱。

电话是小明（化名）爸爸打来的。小明是我班的一个学生，他反应慢，成绩不太好，但平时在学校挺乖的，也没有发现他有什么不良习惯。唯——一点就是自从转到我们班，基本没听他说过话。平时我问他，他一声不吭。有时候我问上几遍他还是不说，我就不再问了。上课轮到他发言，比如简单地读词语，他就站着，也不读，我以为他不会，我自己领着大家读两遍就过了。后来和他家长交流，他妈妈说，他在家里话可多了。我想，他成绩差，词语、问题他不会，所以就不说话，我也就没硬让他说。

可这次不同往日，我一定要把事情了解清楚。我对我们班学生欺凌事件零容忍，尤其这次这么严重。小明爸爸给我打电话时，我想起小明平时乖巧的表现，我猜肯定是其他几位学生找小明要钱，他才会把家里的钱悄悄地拿出来给其他孩子花。等到我们班其他孩子上社团了，我把涉事的几位学生都叫来。先让小明进到办公室，我用极尽温和的声音问："你有没有拿家里的钱？你爸爸刚才给我打电话了。"没想到这次他居然回答了我的问题。他说拿了，并说拿了多少。我继续问："什么时候拿的？"他就给我从上周五一直讲到这周二。我就把那几位学生一一叫进来，补充核实。终于把事情了解清楚了：原来是小明自己拿了钱给这几位学生花了。最后我把这几位学生家长叫来都告诉了情况，希望家长能把孩子花的钱补给小明爸爸。让我惊讶的是小明爸爸没要钱，说大家都有责任。

自从那次聊天以后，一次下午上课前，我在教室改作业，学生陆续到校，小明到校后就来到我身边，对我说："老师，他们进小卖部。"我问他答，很流利。他的话匣子好像一下子打开了。后来还主动和我说一些事。课堂上轮到他读词语时，他会试着去读，有时候读对，我送给他一个大拇指，有时候读错，我纠正一下。反正他开始表达了！究其原因，我想：也许是那次聊天时我温和的语气，让他大胆地在我面前成功诉说了一次；也许是他感受到了我假想中对他这位"受害者"的同情。

苏霍姆林斯基在《给教师的建议》一书中这样描述："在我们的创造性的教育工作中，对'后进生'的工作是'最难啃的硬骨头'之一，这样说恐怕没有哪一位教师是不肯赞同的。"我深以为然。以前通过读教育名著，听名师讲座、培训，也学着转化"后进生"。我从教十年多，印象最深刻的 6个"后进生"中，也曾转化过1名，但那名学生的情况比小明好一点。从那以后，我一直在探寻能转化的"后进生"底线在哪里。这次"特别"的聊天，我看到小明的变化，让我对我探寻的"后进生"底线有了进一步的了解。后来，我对我们班其他的几个"小明"提高了"分层教学"的标准，而现在他们也有了一些进步。总之，这次"特别"的聊天，从小处说，让我对"后进生"的工作充满了期待；往大说，也让我对整个班级管理、教育教学充满了期待，而我现在要做的是找到正确的"聊天方式"，开启我和他们的"聊天"。

『归因偏误』

它是指我们很容易将他人的行为归因于他们的性格特点，而不是外部环境。

这篇文章描述了一位教师如何处理"后进生"小明的故事。在这个例子中，作者原本将小明不说话的原因归因于他的成绩和能力，但实际上可能是因为小明还没有找到合适的方式与教师沟通，而在作者经过了一次"特别的聊天"后也终于找到了可以和小明沟通的正确方式。

至于如何避免归因偏误，可尝试站在他人的角度看问题，思考可能的外部因素，用温柔且善解人意的话语让学生感受到关爱，打开他们的话匣子。

期待的力量

吉安市遂川县泉江镇八角楼小学

叶珍莛

教育心理学中的"罗森塔尔效应"，启发教师在教学中对学生要多一点期待、多一点耐心，学生就会在这种深情厚爱的滋润下，产生一种积极向上、自信自强的内在动力，从而取得更大的进步。我很喜欢这个期待效应，也常在自己的教学中使用并取得了较好的效果。

记得曾接手的一个毕业班，班上有位小健同学（化名），他期末考试中的一门成绩让我十分惊讶，只有21分！再看到他的数学成绩，却有83分！实在难以置信，是偏科如此严重，还是数学考试作弊了？上第一节课时，我发现他很积极主动地举手回答问题，提问了他几次，他回答得很不错，我不禁怀疑难道是期末考试发挥失常？收到第一次作业后，我迫不及待地翻开他的作业，本子上趴着几个像螃蟹一样的字，很难相信这是一个六年级学生的水平，这大概就是读写障碍吧！越是不会写就越不想写，慢慢地他身上的惰性就暴露出来了：课堂上只说不记，基础性知识也不愿背诵，作业更是经常不写。我实在不知如何去教他，甚至有点想放弃了。但我转念一想，放弃、责骂都只会让他更差，何不尝试运用罗森塔尔效应呢？

于是，我开始从他发言积极这一点开始鼓励，"小健课堂上听得这么认真，我相信你会认真去完成你的作业"，慢慢地他从不写作业到逐渐会写他能完成的作业。他的书写问题较大，我就握着他的手教他，让他写慢一点，并不断地表扬他一遍比一遍写得好，说不定过几天就能和其他同学一样，甚至超过其他同学。听了我的话，他的积极性就更高了，不光在学校会练字，回到家还会主动把练的字发给我看。他学习态度的转变，让我十分欣慰。一日我又在全班表扬了他回家练字的行为，大家给了他热烈的掌声。我也趁热打铁："小健肯定不只有把字练好这一目标，你接下来肯定是要把古诗文过关的，小健回家也会打卡读给我听的，对吧？"他有点不好意思地低下了头，没想到的是他当晚真的就背出了一首古诗，接连那段时间他都会完成练字和背诵打卡。就这样，每次有一丁点儿进步，我就及时给予肯定和表扬，并再提出更高一点儿的期待，促使他后来不断进步。

陶行知有句名言："你的教鞭下有瓦特，你的冷眼里有牛顿，你的讥笑中有爱迪生。"它时刻提醒我，要真诚地对待每一位学生，学会赏识学生，要相信期待的力量。学生往往最信赖教师的判断力，自己对学习情况、能力水平的认识往往依赖于教师的看法，这使得教师的期待对学生尤为重要，它会是对学生心灵上的支持。作为教师，我们要让期待在学生心中开出一朵朵美丽的花。

『罗森塔尔效应』

　　它是指教师对学生的期待会影响学生的表现。

　　在这篇文章中，教师通过对小健的期待和鼓励，激发了小健学习的积极性和主动性。教师首先表扬了小健课堂上积极发言的表现，并在他逐渐完成作业时给予表扬和支持。教师还帮助小健改善书写问题，鼓励他不断进步。通过这种积极的期待和鼓励，小健的学习态度得到了很大改善，取得了更好的学习成绩。

　　所以，对学生保持积极的期待，相信每位学生都有潜力，这本身就可以激发学生的内在动力，帮助他们取得更好的学习成果。教师要学会时刻发现学生的优点，并给予表扬和肯定，可以让学生更有自信地面对学习挑战。

期 待

石家庄市栾城区第五中学
朱爱琴

作为教师，总是充满期待。期待学生的进步与成长，期待自己的努力与付出能有好的效果，期待自己的教育生涯锦上添花，也期待祖国的教育事业蒸蒸日上。但有时，我不断地思索，农村甚至城镇里的孩子们究竟需要什么样的教师，什么样的教育。

从教20多年来，我曾在农村高中学校就职，后又在县城的初中学校任教，各种学生我都见过。其中不乏爱学上进之士，但也有诸多所谓的"问题学生"。每当我与他们聊天时，我都会产生深深的无助感。问题究竟出在哪里呢?

那年，我带的班里有一个能说会道、聪敏能干的男孩子，有担当，可靠，交代给他的事情，他都能处理得妥妥当当。可是一说到学习，他总是眉头紧蹙，然后低下头，微笑着用手轻轻地挠挠头，一副满不在乎的样子说道："我不行，我不学。"课堂上，他也总是不守规矩，令老师们头疼。

有一天，他又在数学课上捣乱起哄。借此，我跟他聊了起来："晓晓（化名），你很聪明，而且认真、负责，做事有条理、可靠，学习对你来说不难。为什么不学呢？"他笑了笑说："没意思。为啥学？为谁学？搞不懂。""那你以后有什么打算？"我接着问道。他不假思索地回答说："当兵去。""嗯，有想法，了不起。"我边说边竖起了大拇指，"我上高中时也想去当兵，可惜人家不要我。我建议你先搞好学习，为将来当兵打好基础。""不用。"他摇摇头坚定地说。"你想去当兵，你爸妈同意吗？"我继续问道。可是他的回答令我备感意外，他说："我爸只会打我，我妈不管，她也管不了。"

后来我才得知，晓晓从小跟爷爷奶奶一起生活，爸妈忙于工作，无暇顾及。现在妈妈专门抽出时间想管管晓晓的学习，却深感无能为力。

就像于洁在《我就想做班主任》书中说的，树之所以被称为树，不是因为它生活在哪里，在游人如织的公园，在荒郊野外的田野，在崎岖嶙峋的山崖，对树来说没有什么区别，只要有阳光、有雨露、有泥土，它就会发芽，慢慢长大，不管是参天，还是矮小，它只是努力地成为一棵树。对于孩子来说，又何尝不是如此呢？不管生长环境如何，不管受到怎样的教育，他们都在努力地成长。

或许，我们看到的只是表面现象，而深层的原因则是学校、家庭、教师的教育模式和教育理念。但究其根本是家庭的原因，很多家长在育儿理念、教育方法上已经走向了"畸形"。"畸形"的教育、育儿怎么可能培养出目标明确、学习动力十足的孩子呢？

作为教师，我真心希望农村家庭教育的现状有所改观，每个孩子都能茁壮成长。

『依恋效应』

最初用来描述母亲与婴儿之间的关系，可以分为安全依恋和不安全依恋两大类。

通过文中作者所提及的孩子对父母态度的描述可知，孩子正处于一个不安全的环境状态下（父亲只会打，母亲从前未管，现在更难以管理）。

根据马斯洛需要层次论，我们知道其实这一阶段的孩子最需要的就是爱和尊重。所以无论教师还是父母，都应当站在孩子角度，给予孩子更多的爱与尊重，而不是一味的说教与打骂；要给予其安全感，拉近师生情与亲子关系。

那篇习作

定西市临洮县太石镇后地湾小学
任生顺

自带班以来，从没遇到过像小鑫（化名）这样的学生，说话吐字不清，字写得歪歪扭扭，犹如蚂蚁爬过一般，叫人难以辨认，学习成绩可想而知，凡给他带过课的老师每每提起小鑫同学便另眼看之。

说实在的，遇到这样的学生，对于很多人来说，确实算得上一个"大包袱"，但我并不想扼杀一个孩子的可能性，我尝试一视同仁，给予他关怀和鼓励。

之后发生的一件事让我的心灵受到了极大的震撼：那是星期三的作文课，我给学生布置了一篇习作，题目叫《说说我自己》。两节作文课下来，班上9位学生顺利地完成了各自的习作。我逐一细阅，被学生天真、稚嫩的语言所感染。当我批阅到小鑫同学的作文时，笑容便瞬间凝固了，他竟然这么描述自己："我知道我是一个差学生，以前带我课的老师都不喜欢我，同学们也不愿意跟我玩。而现在带我课的任老师，我觉得他对我很好，从不像以前的老师那样待我，给了我无微不至的关怀，让我感受到了阳光般的温暖。可我学习不好，如果任老师知道了，会不会像以前带过我的老师那样待我呢？我心里好害怕。我知道我不是块学习的料，无论我怎样努力，结果还是一样，我讨厌我自己，更羡慕那些学习好的同学。如果有一天我的学习赶超上来的话，任老师该多么高兴啊！"

读着小鑫同学发自肺腑的话语，我如鲠在喉。被冠以"人类灵魂的工程师"的我们，在教书育人过程中的一言一行都会被学生看到并在其心里留下烙印，平时我们喜欢关注的，多是那些"尖子生"、优秀生，而学习困难的孩子，又有多少能被真正地关注呢？作为教师，教书之外更多的是育人，如果我们可以一直用心、用爱去呵护那些享有平等受教育权利的孩子，"小鑫们"是否能在我们一碗水端平的教育中健康成长呢？

如果我们给"学困生"一片湛蓝的天空，他们就可以翱翔。期待有一片湛蓝的天空，期待他们可以自在翱翔。

『蝴蝶效应』

蝴蝶效应表明，初始条件的微小变化，可能在系统中引发长期且巨大的连锁反应。在教育这一复杂而微妙的系统里，每一位学生都宛如初始条件中的微小变量，他们的一言一行、一举一动，都有可能触发一系列难以预测的影响。

以小鑫同学为例，在许多人眼中，他或许是个"大包袱"。其行为举止、学习态度，或者其他方面的表现，乍看之下并不起眼，甚至会让老师和同学们感到头疼。然而，正如蝴蝶轻轻扇动翅膀，可能在遥远之处引发一场风暴，小鑫同学身上同样蕴含着无限的可能性。他的每一次尝试、每一点进步，都极有可能成为改变其未来人生轨迹的关键节点。倘若只因眼前的困难与挑战，就选择放弃他，那么便可能亲手扼杀他未来可能绽放出的璀璨光芒。

在这一情境中，任老师扮演着至关重要的角色，恰似那个能够敏锐捕捉到蝴蝶翅膀扇动的人。任老师并未因小鑫同学当下的状况而对他区别对待，相反，老师坚信每个孩子都具备成长与改变的潜力。通过给予小鑫关怀与鼓励，任老师如同为这只"蝴蝶"营造了适宜的环境与条件，让他能够自由地扇动翅膀，进而有可能引发一场关于成长与蜕变的"风暴"。

在教育过程中，教师的每一个小小善举，都可能成为学生生命中的重要转折点，引发一系列积极的变化与成长。这不仅关乎学生个人的发展，更对整个教育生态产生深远影响。一位被老师关注和鼓励的学生，可能会变得更加自信、积极，从而在学业上取得进步，在品德方面也得以提升。这种积极的改变，还可能影响到他身边的同学，营造出良好的学习氛围。

从宏观角度看，教育系统中的每一个环节都相互关联。一位学生的积极转变，可能带动班级的整体进步，进而影响到整个学校的教育质量。而这一切的起点，或许仅仅是一位教师对学生的一次鼓励、一次耐心的指导。这充分体现了"蝴蝶效应"在教育中的强大力量。

　　因此，教育工作者应深刻认识到自身的责任重大，珍视每一位学生的每一次微小变化。在面对学生的问题与挑战时，不应轻易放弃，而应积极引导，为学生创造良好的成长环境。因为在教育的舞台上，每一个看似微不足道的举动，都有可能引发意想不到的巨大变化，为学生的未来带来无限可能。

第 3 部分　知识分享
——罗森塔尔效应

▶　概念简介

"罗森塔尔效应"也被称为"皮格马利翁效应""期望效应",是一种心理现象,由美国心理学家罗森塔尔和雅格布森提出,并通过实验予以验证,其中最著名的是"智商捕捉"实验。

在这个实验中,研究者告诉学校里的老师,他们通过测试已经确定了某些学生的智商非常高,这些学生会在未来取得显著的进步。但实际上,这些学生都是随机选择的,与其他同学并没有不同。经过一段时间后,研究者重新测试了学生们的智商,令人惊喜的是,那些被认为智商高的学生中,其智商真的提高了。

这个实验证实了"罗森塔尔效应"的存在,因为老师对这些学生抱有更高的期望,给予了更多的关注和鼓励,从而激发了学生更大的潜力。

> "罗森塔尔效应"是指:当人们对他人抱有某种期望时,会导致这种期望实现的现象。也就是说他人的期望会影响我们的表现和行为。

注:贝克尔的"标签理论"认为,人们会以"贴标签"的方式对他人进行评价,其中,通过贴标签能对他人产生正面效果的被称为"皮格马利翁效应",产生负面效果的被称为"社会污名"。

▶ **应用场景**

场景一：小杨老师认为班里的小新同学很聪明，上课也认真，成绩一定很好。当小杨老师内心有了这个期许，为小新贴上了成绩好的标签，在课堂提问时就会自然而然地认为他一定能答出这道题，此时小新也会感受到老师对自己的认可。因此课后学习时，小新为了不辜负老师的期待，努力学习，认真完成作业。一段时间后小新的成绩果然有所提升，这反过来又印证了老师的期望：确实如我所想，小新同学果然很优秀。

场景二：小雨同学刚进入小学阶段，还没有适应学校的环境和学习模式，因此期末考试的成绩并不理想。他的妈妈并没有责骂或严厉地管教他，而是在新学期的开始每天"冒充"他的班主任，告诉小雨，你的班主任说："今天你上课听讲很认真""今天你作业完成得很好，字写得很整齐"……学期末，小雨的成绩不但提高了，对学习也更积极主动了。

> 罗森塔尔效应表明，教师的期望对学生的表现具有重要影响。通过保持积极的期望、提供支持和避免负面标签，教师可以激发学生的潜力，提高学习动力。

▶ 我们在日常生活、教学中可以这样做

①**保持积极的期望**：作为教师，要相信每位学生都有潜力，并展示对他们的信任和期待，将高期望传递给他们，让他们相信自己能够达到高标准。

②**提供积极反馈**：教师应给予学生实质性的积极反馈，关注他们的进步和努力，增加学生的动力和自信心，激发他们的学习热情。有时一个小小的表扬，会成为学生前进的动力。

③**设定挑战性目标**：为学生设定有一定挑战性但**可实现**的目标，激发他们的学习动力。同时提供适当的支持和指导，帮助他们克服困难并取得成功。如果设定的目标过难，超越了自身能力，反而会给学生带来压力，产生焦虑情绪。

④**避免负面标签**：避免对学生有偏见或偏向，避免给学生贴上负面标签，如笨或懒惰，这可能会降低他们的自尊以及学习动力。

思考：

（1）回忆在您的教学生涯中，有哪些真实发生的教育场景可以用"罗森塔尔效应"解释？

（2）在未来利用"罗森塔尔效应"您想尝试解决哪些问题？

"撑一支长篙，向青草更青处漫溯"，

满怀期待，终有一天，

会"满载一船星辉，在星辉斑斓里放歌"。

　　"一腔热血温故土，四季甘霖润嘉禾"，在杏坛这片净土上，每天都上演着平凡却动人的故事。读完这些的故事，您是否感同身受，可曾遇到过类似的情况? 您是如何处理的? 从心理学的角度出发，回想教学生涯的点点滴滴，您有什么新的感悟? 您可以在下方用绘画的形式以"我眼中的教育"为主题，在纸上创作，也可以用文字的形式记录您记忆中的关于"期待"的故事。

——在这里，留下您关于"期待"的故事——

　　　　聊聊令您最难忘的那些事　　　　说说对您影响最深刻的事

_____

_____

_____

_____

_____

_____

_____

_____

_____

　　期待是一种力量，它能够促进学生和教师的成长和进步，帮助他们发掘自己的潜力，创造更好的未来。

第 2 节课

自察而后自信

——我之春风，沐彼之心；彼之灿烂，慰我之情

第1节课结束后，参与教师百感交集，在微信群里和助教团积极交流，有一条留言让我们为之动容，他说："赋能村里的孩子们，让他们走出大山，这是我扎根乡村教育的初衷。"还有位老师分享了《马文·柯林斯的教育之道：通往卓越教育的路径》，并感叹："老师的最高目标就是赋予学生为自己学习的意愿。"

我们通过对参与教师在首期活动中的表现了解他们的情绪和心理状态，通过他们的主题写作与他们感同身受，通过交流分享帮助他们减轻心理压力，通过绘画方式帮助他们提高创造力和情感表达力。第2节课，让我们一起探索和体悟"创生感"另一维度的价值和意义。

思考：

在您的教学生涯中，有没有什么事情让您自己感到特别被需要？

（1）想一想当时具体发生了什么？把您想到的在纸上写下来。

（2）当时您有什么样的感受？您的心情如何？

第 1 部分 活动流程

第 2 节团体辅导活动主题为"自察而后自信"，聚焦于创生感中"内在需求"——被需要的需要这一维度。在人类的内在需要中，被需要的需要是极其重要的，"一个人不能成为孤岛"，与人交往和合作是人类赖以生存的重要精神支柱，人们都希望自己在生活中能够被他人需要和认可。本次活动将带领参与教师分享**"我眼中的教师"**，并让参与教师回忆自己教学生涯中"被需要"的一件事。我们希望通过此次活动，教师能将关注点更多地放在自己身上。

第 2 节活动开始，摄像头开启，看到一张张熟悉的面孔，大家都比初见时的惊喜多了几分感动。上次活动结束后，我们了解到有的参与教师参加活动时还在值班，克服了天寒地冻的恶劣环境；有的参与教师孕期还依然坚持全程参与活动；有的参与教师因在返校的途中无法开启摄像头，多次协商调整行程，只为能全情投入。我们非常感动并感谢各位教师为参与此次活动，克服了种种意想不到的困难。

本次热身游戏为"加减手指操"，这种互动游戏能够帮助大家放松身心，更好地融入团队。参与教师都很积极，他们每天与孩子打交道，做小游戏时不难看出他们的"童心未泯"，偶尔露出害羞又腼腆的微笑。上次活动后，我们根据人员变动情况，以及参与教师的性格，重新匹配分组，因此此次活动参与教师全部进入新的小组。首先参与教师通过"滚雪球"的方式进行自我介绍了解组内成员，然后重新起组名，选组长，定组规，非常有仪式感地宣誓："我承诺，遵守组规，真诚倾听、积极投入、保守秘密。"这一次，参与教师明显比上次更开朗和积极。作为带领者，我们期待他们在沟通和互动的过程中，打开心扉，更好地交流和分享，建立彼此信任和互助的关系。

本次活动新增知识分享环节——马斯洛需要层次论。带领者分别从生理、安全、归属与爱、尊重和自我实现五个层次讲解该理论带给教育的启示，以及如何在教学中应用。之后参与教师在小组中讨论并分享自己在教学生涯中有哪些教育问题是可以用马斯洛需要层次论来解释的。同时作为教师自身，可以通过哪些方式来满足自我的需要。

知识分享环节为团体辅导活动锦上添花，可为参与者提供精神健康方面的专业知识和技能，在帮助参与者了解自己心理状态和需要的同时，也为他们日后教学与生活中采用相应策略来助力自我，增添了可能性。

在带领者带领下，参与教师进行深呼吸，将呼吸调整至平静状态。带领者请参与教师回忆自己在教学生涯中感到被需要的事件，当时具体发生了什么，有什么样的感受。参与教师先在组内分享，并随机分享自己听完他人分享后的感受。

参与教师在教学生涯中，让自己感到被需要的事情有很多，如他们帮助学生克服学习困难、理解知识点，提高学习成绩和自信心；他们提供心理支持和帮助，缓解学生情绪低落、焦虑、压力大等问题；他们创造轻松的教育环境，通过丰富的课程设置、有趣的教学方式等，让学生感到愉悦、开心地参与学习和各种互动。一句话，让自己成为学生需要的人，是使命也是责任。

分享结束后，带领者发布本周主题写作任务，让参与教师在安静、独立、平稳的环境中写下自己教育经历中那些"被需要"的故事，并邀请有意愿的一至两位参与教师在下节课前分享自己的故事，毕竟好的故事值得被更多人听到。

第 2 部分 教师写作

偏 向

天津市宁河区潘庄镇西塘坨小学
彭 斌

30多年的教学生涯，我见过各种各样的学生。有各方面都优秀的，有某一方面给人印象深刻的；有善良纯朴的，也有脾气古怪的。在教书育人的过程中或多或少会偏向一些学生，经常地会给他们一些"照顾"。

总体上，还是对那些学习认真、听老师话的孩子比较偏向。因为他们比较省心，对你交代的各项任务能够不遗余力地完成。对不听话的淘气的男生，或是不好好学习完不成作业的学生则表现得比较生气。有时候会严厉地呵斥他们，甚至要"打"两下。但我从来没有大声地呵斥过，更没有"打"过女生。所以有些男孩子也常常说："老师，你偏向女生。"扪心自问，确实有些偏向女生，因为她们本来就文文静静、柔柔弱弱的，还那么听话，跟自己的孙女差不多，怎么忍心去呵斥她们？除非她们做错了事情。

记得有次教六年级时，我们班插班进来一位女生，她比我们班的孩子要大两三岁，是因为她之前患病在家休学了两三年。恢复健康之后，又来上学，为了健康考虑，她上学期间一直戴着口罩。学生们都很好奇，想让她把口罩摘下来。那时候还没有疫情，学生们还不习惯戴口罩，感觉戴着口罩的她有点儿另类，所以经常说三道四。因为我知道内情，所以经常帮助她说话。这位女生很老实，从不跟那些淘气的男生争执，他们说什么她也不在乎。我看到这种情况，常常替这位女生说那些男生，且口气很是强硬，并不解释什么，完全是压制的态度。这位女生落的课程比较多，我也经常给她补课，在课堂上多叫她回答问题，经常鼓励和表扬。久而久之，学生们都说我偏向这位女生。之后明显感觉这位女生对我特别尊敬，也特别亲近。后来，她考上了重点高中，又考上了大学，有时放假回家还会来学校看我，逢年过节也总是给我问好。

我感觉到自己"偏心"的行为，给孩子心里留下了一些温暖，给了那时的她一些依靠。真心地希望我教过的学生都能学业有成、工作顺利。教师的工作是本"良心账"，有教无类，本不该"偏心"的，但是我们都是一介凡人，不可能做到绝对的公平公正，只能力求相对公平公正，力求尽善尽美。于我而言，无愧于心；于学生而言，感受到温暖和收获，这就是教育的温度。

『安全的需要、归属和爱的需要——马斯洛需要层次论』

安全的需要是指人们需要稳定、安全、希望受到保护、能够避免恐惧和焦虑等。

归属和爱的需要是指一个人需要与其他人建立感情联系或关系，比如结交朋友、追求爱情等。这两层级需要都是人们的基本需要。

病愈重新回归学校的女生，要弥补落下的课业，要面对同学们对她戴口罩行为的另类态度，要面对不知内情的说三道四。她最需要的就是老师或家人的关心来抚平这些不经意的伤害。彭老师的"偏向"恰恰满足了这位女生的这些需要，所以，孩子们都会说彭老师"偏心"，这位女生也特别地尊敬与亲近彭老师。

呵护的爱

毕业市赫章县铁匠苗族乡高原小学

徐　威

大千世界，每个人都是与众不同的。我班上有一位男生，平时学习不认真，成绩不稳定，课堂上爱做小动作，不爱规范自己的行为，没有把心思放在学习上，在家爱玩电子游戏。经过我的观察与分析，发现他存在一定程度的厌学心理，难以把控学习时间。

经过多次家访以及与他谈心，我发现他成绩提不上来的原因主要表现为以下三点：一是学习上有畏难的心理，平时没有人检查他的作业完成情况，导致他经常说谎"作业已完成了"，爷爷奶奶均已年迈，除了能够给他提供基本的物质之外，很难在其他方面给予帮助与支持；二是在学习上有"四怕"的心理，怕用功、怕动脑、怕发言、怕作业，只想随心所欲地玩；三是成绩不理想，有自卑的心理，在与同学、老师交往时，他常常显得不自信，在各种班级活动中一副漠不关心的样子。

通过观察、家访、交谈等多种方式，我尝试去了解他、帮助他。我发现他身上的这些心理问题主要来源于家庭。首先，他身处离异家庭，他爸爸常年在外地务工，对他缺乏关心和爱护，可以说在他的生活中缺少父母的关爱。其次，隔代抚养的爷爷奶奶对他十分溺爱，大事、小事都迁就他，日常生活小事都不让他做，难以对他进行严格的监督和教育。简言之，家人与他在思想上的沟通极少，更别提家人对他学习上的帮助了。

我坚信"爱"是一份责任、一份付出。通过学习马斯洛需要层次论，我明白作为教师要更多地去了解他人的需要，所以我努力做到让"爱"流露，对这位男生以及类似的学生，我向他们敞开心扉，以关爱之心来触动他们的心弦，让他们感受到老师对他们的爱与关注。在上课时经常向他们提问，在回答问题正确时及时表扬他们，回答问题错误时及时给予他们鼓励。

『归属和爱的需要——马斯洛需要层次论』

马斯洛的需求层次论描述了人类需求从基础到高级的逐步发展过程。归属和爱的需要是马斯洛需求层次中的第三层，在生理的需要和安全的需要得到基本满足之后，人们会追求归属感和爱。这一层次主要包括以下几个方面：

1. 亲密关系：与他人建立情感上的联系，比如家人、朋友等。

2. 社会归属感：感受到自己是团体的一部分，例如学校的班级。

3. 爱与被爱：渴望付出爱，同时希望被他人接纳、理解和关心。

班级里的问题学生，学习不认真，成绩不稳定，行为不规范，经过徐老师的家访和观察发现，其实是家庭原因导致学生缺少关爱和监督。徐老师发现了学生的需要，并据此给予学生应有的关爱；与此同时也对不同的学生都给予无条件的积极关注，将这一理论很好地融入教学。

给予的幸福

毕业市赫章县罗州镇松林小学

黄上群

我一直知道，在农村学校中家庭情况特殊的学生比较多。当了班主任以后，我更深刻地认识到学生真的需要我们更加细心的呵护。

记得第一次当班主任时，我有些手足无措，不知道怎么和学生更好地沟通。那时候，班上有对小马兄弟，已经三年级了，个子还是小小的，每天来教室衣服都是脏兮兮的，离得近了还会有异味。我调座位的时候，大家都不愿意和这哥俩坐。这哥俩在班上不怎么说话，上课也不怎么认真听，常常看着窗外发呆。

为了能让他们融入班级，我提醒他们好几次，让他们回家勤洗澡、勤换衣服，他们每一次都答应得好好的，但第二天却还是老样子。我觉得长期下去不行，忽然冒出一个念头"去家访吧"。学生不听，和家长说说总会听吧。

说干就干，放学后我就约上知道他们家在哪里的同事和我一起去家访。可刚出门一会儿，我就有些后悔了，天气太热了，走在路上一阵阵热浪扑面而来，汗水不停。走了快四十分钟，同事指着一座山告诉我："就快到了，在上面的半山里。"我一听这话，腿就软了，只能在路边站着先休息一会儿，再咬咬牙坚持。又走了大概十多分钟，我看见前面有一堆一人来高的草在缓缓移动着，接着看到一个背着一背篓土豆，牵着一头牛的妇女。慢慢走近，我好像听到了熟悉的声音，我有些不敢相信，随口喊了一声兄弟俩中哥哥的名字。"哎！"话音刚落，我前面的那堆草慢慢地移动了，直到草垛转了九十度，我才艰难地在草垛之间发现了他那瘦小而单薄的身影。看到我们，哥哥很高兴，当我们说是来他们家家访时，又有些不安，我说我们只是来看看你在家里做些什么，不是来告状的，他的神情才安定下来。又走了十多分钟，我们终于到了他家。这时我才发现，他们家住在半山的树林里，交通、用水不便，光照不好，就算是那么热的夏天，阳光也只是从茂密的枝叶间漏出一些斑驳来。经过了解，他的爸爸在他们很小的时候过世了，没多久妈妈改嫁了，失去了联系。兄弟俩跟着爷爷奶奶挤在四十多平方米的小青瓦房里生活。小小年纪就跟着大人每天下地干活了。今天也是一放学回家就陪奶奶去挖土豆，然后割草背回家喂牛。

我心里酸酸的，忽然有些内疚，后悔不应该对他们要求那么多，但心里又清楚有些东西是需要改变的。这之后，我开始想方设法帮助他们。比如，买来推剪，借着练手给班上头发长的人修修头发的时候，帮兄弟俩理发；或者借着考试进步了奖励大家，多给他们一些学习用品；有时也借着他们听课认真，奖励兄弟俩洗发露、沐浴露等生活用品。

随着时间的推移，我发现兄弟俩慢慢有了变化，眼里慢慢有了光，衣服慢慢地干净起来，尽管很破旧；听课写字认真起来，尽管成绩还是不理想……

至今回忆起来，我还是禁不住感慨万千，正如歌词所唱"只要人人都献出一点爱，世界将变成美好的人间"。从此，只要在能力范围内，只要学生有需要，我都尽量满足，因为那也会让我得到满足！

『尊重的需要——马斯洛需要层次论』

尊重的需要是指自尊，希望受到他人尊重，包括尊重自己和尊重他人。

文中黄老师要去小马兄弟家进行家访，想要解决兄弟俩不爱干净的问题。一路上跋山涉水的体验和小马兄弟家里艰苦的条件，让黄老师知道并不是他们不愿，而是没有条件。所以黄老师便用一些借口或者以奖励的方式，为这样的家庭的学生提供一些学习以及生活必用品。黄老师并没有用直接给予的方式，而是婉转地奖励给学生，既达到了给学生提供物品的目的，也避免了学生在接受时伤到自尊。

自己"被需要"的故事

吉安市遂川县黄坑中心小学

姚胜男

"校园霸凌"现象一直备受重视，学校会在最大程度上对学校所有学生进行教育，无论是开展主题班会，还是举办"校园霸凌"主题讲座，但仍难以避免该现象的发生。

我工作的这几年，教的都是一二年级的学生，他们个子小，刚踏入小学校园不久，对这个新环境还不是很熟悉，就非常容易被五六年级的"刺头"学生欺负。有一次，我班上的小亮（化名）在自己班级门口的走廊上玩耍，就莫名其妙地被高年级学生揍了。低年级学生虽然缺乏自我保护能力，但是很团结，知道有什么事儿都去告诉老师。"咚咚咚"有学生敲门找我，我正在吃午饭，一位小女生说"老师，小亮被打了"，我问其具体情况，却又不知道。话音刚落，又一位学生跑来告诉我"老师，小亮被打了"，我赶紧和学生一起走向班级教室。虽然是课间休息时间，但我立马让班上所有学生回到教室，坐在自己的位置上。开始进行具体询问："哪些同学刚才看见小亮被打了？"学生们争先恐后地说，听完多位学生的描述，我大概了解了情况。接着与小亮谈话："小亮，你认识打你的人吗？"小亮摇头。"你在校内校外惹到他了？"小亮也摇摇头。"你知道他为什么揍你吗？""不知道。"小亮的"一问三不知"让我不知该如何下手。"那你知道他是哪个班的吗？"还没等小亮反应，其他同学便争抢着回答。有人说是四年级的，有人说是五年级的，也有人说是六年级，众说纷纭，没有一个确定的回复。"那有谁记得打人者长什么样？穿什么颜色的衣服？"倒是有几位学生记得清楚。发生这种莫名其妙的被打事件，我不能袖手旁观，既然不知去哪个班级找出打人者，只能带着被打的学生和几位记忆清晰的见证者在中午上课期间一同前往高年级的每个班寻找。经过一个班、一个班的查找，最终找到该生，向他的班主任说明了本次事件发生的过程，并共同对该生进行了批评教育。

发生这样的事，我知道，其实哪怕找到了打人者，也不能挽回什么，只是讨回一个说法。但是我带着学生挨个班级地找人，只想通过此事告诉班上学生：在学校不论发生什么事儿，要及时和老师说，老师和你们是"统一战线"的，是会尽可能地帮你们解决问题的，在学校里你有任何需要，老师都会在你的"背后"。通过这件事，又一次拉近了我与班上学生的距离，获得了他们更多的喜爱。

『信任效应』

信任效应指个体因对他人或组织的信任，而展现出更积极的行为、态度或反应。信任能降低防御心理，减少怀疑与戒备，让人更易接受信息、改变态度或付诸行动。同时，被信任感会增强我们的责任感与内在动力，促进积极行为，有助于建立更深的情感联结，改善人际关系和团队协作。

以姚老师为例，当学生遭遇被打事件，姚老师带着学生挨个班级去找打人者，让打人者得到应有的教育。这一行为向学生们清晰地传达了一个信息：老师是值得信赖的，无论发生什么事情，老师都会坚定地站在他们身后。通过这样的举动，姚老师极大地增强了学生对自己的信任感，成功建立起老师和学生之间深刻的情感链接。此后，学生们在这种信任感的驱使下，展现出一系列积极行为。他们不仅在学习上更加主动，努力提升自己的成绩，而且参与班级活动也更加积极，主动承担责任，为班级的荣誉贡献力量。这种积极的改变，不仅提升了学生个人的综合素质，还在班级中营造出一种积极向上、团结友爱的良好氛围，进一步促进了班级整体的发展。

由此可见，在教育过程中，无论是像蝴蝶效应那样对学生细微变化的重视，还是像信任效应这般建立起师生间的信任关系，对于学生的成长和教育的发展都有着不可估量的作用。教育工作者应深刻认识到这些效应的价值，在日常教学中，用心关注学生的点滴，积极赢得学生的信任，为学生创造一个充满希望和活力的教育环境，助力学生实现更好的发展。

六 月

白银市靖远县东湾镇杨稍学校
魏其忠

时光匆匆，岁月如流。

我的思绪禁不住又回到了那个六月，几年前的那个六月，是火红的，是拼搏的……

耳边仿佛又响起了那清脆的电话铃声，又看到了那期盼的眼神，心头依然能感受到那份夏日的清凉、喜悦，那份淡淡的自豪……

"老师，您好！能不能帮我……"

去年六月，高考后，骄阳似火。

一阵急促的电话铃声吵醒了午睡的我。

电话那头是学校附近村里的孩子。

说自己的高考志愿还没有填，距离系统关闭还剩两天了，心急如焚，想让我帮忙填报志愿。

我不禁反问自己："我认识他吗？""我有时间吗？""我会填吗？"答案全部是否定的。

但从他那焦急的声音里，我知道他现在心乱如麻，一筹莫展。迟疑了一下，我答应了。

原来，他家没有电脑，父母在外，暴雨又冲毁了回城的路，他出不了沟，进不了城，于是只能向我求助。

接下来，我整整宅了自己两天，熬了两个大半夜。查看招生简章，恶补填报常识，咨询相关院校，反复斟酌……

满眼的红血丝，两个黑眼圈儿……

完全是高考前的节奏！

终于，及时完成了！

后来，他打来电话说非常感谢。

又过了一阵子，听说他被顺利录取。

再后来，我常常忍不住问自己，为什么要那样做？为什么要帮一个素不相识的人？

自己也说不清。

可能是因为自己的名字后边有"老师"两个字，也可能是因为助人的惯性使然，也可能是因为我们每个人都会受到陌生人的帮助……如今，当我走出心理课堂的时候，突然想到了一个词，"被需要"。

互惠原则是指人们倾向于回报他人对自己的好处或帮助。这种回报可以是实质性的，如礼物或服务，也可以是情感上的，如感激或友好。我们曾被他人帮助，也想有机会帮助他人，日后自己有困难或许还能被他人帮助。

虽然不是自己的学生，但是因为是向自己求助，且又是填写志愿这么重要的事情，一番犹豫之后，魏老师还是答应了下来，并顺利完成。可能因为责任集中，只落在了他自己的身上，也可能因为未来的某天自己也需要他人的帮助。无论是哪种可能，最大的可能还应是作为教师对学生的那份责任。

第 3 部分 知识分享
——马斯洛需要层次论

▶ **概念简介**

需要层次论是美国心理学家亚伯拉罕·马斯洛提出的一种关于人类需要层次的理论，他将人类需要分成了五个不同的层次，通常被描绘成金字塔内的等级（详见图2-1）。五种需要是最基本的、与生俱来的，构成不同的等级或水平，并成为激励和指引个体行为的力量。

可以将马斯洛的需要层次论比喻为一座由我们内心深处的需要构建而成的

图 2-1 马斯洛需要层次论

金字塔。在这座金字塔的底层，是我们的生理的需要，如同我们感到困倦时身体会渴望睡眠，饥饿时寻找食物，口渴时寻求水源一样。这些需要是我们生存的基础，就像空气一样不可或缺。

紧随其后的是安全的需要，这种需要不仅仅指外在环境的安宁，更包括心理上的平和与稳定。它犹如一个坚固的堡垒，在动荡不安的世界中为我们提供一个可以安心依靠的避风港。

当生理和安全的需要得到满足后，我们便开始渴望更高层次的满足——归属和爱的需要。这驱使我们与他人建立联系，寻求归属感和认同感。与家人、朋友的亲密关系，为我们的生活提供了必需的情感支持和陪伴。

一旦在社交圈中找到自己的位置，我们便会寻求得到他人的尊重，这包括被认可、获得成就和权威。无论是在工作中得到表扬，还是在某个领域内被视为专家，这些都是尊重需要的表现。

最终，当生理的需要、安全的需要、归属和爱的需要和尊重的需要都得到了满足，我们便会向金字塔的顶端迈进——追求自我实现的需要。这是一场关于实现个人潜力和自我价值的旅程。无论是艺术家通过创作来表达情感，还是科学家通过研究探索未知，这些都是自我实现的典范。

马斯洛相信，当我们全心投入某件事情中，并在其中找到我们真正的人生目标时，便能体验到自我实现的满足感。但需要强调的是，不同个体对需要的追求是存在差异的。

▶ 应用场景

场景一：我想学习吉他，因为我希望在班上才艺表演的时候，大家都能夸赞我（尊重的需要）。在吉他弹奏达到一定水平之后，我发现弹吉他这件事本身就使我感到愉快，于是我想用吉他弹奏出更美妙的音乐，并创造出属于自己的歌曲。此时，比起获得他人的夸赞，我更渴望自己的成长——这种能使精神获得成长的自我要求，就是自我实现的需要。

场景二：老师在上课时，发现某位同学正趴在桌子上睡觉。此时老师若首先想到的是：他是不是身体不舒服，是不是睡眠不充足等方面，之后向学生了解情况，这种表现就是对学生生理需要的关注。

马斯洛的需要层次论可以在教学中应用，以满足学生的各种需要，促进他们的学习和自我实现。

马斯洛需要层次论表明，学生会有不同层次的需要，这些需要与学生的行为表现息息相关。如果老师能理解并回应这些需要，会更有助于提升教师教学和学生学习的最终效果。当然，作为学习环境的创建者和引导者，教师的自我实现需要也是至关重要的。

▶ 我们在日常生活、教学中可以这样做

① **个性化学习**：了解每位学生的需要和兴趣，根据他们的个体差异提供个性化的学习体验。通过了解学生的兴趣和目标，教师可以适应不同学生的需要，帮助他们实现自我实现的目标。

② **提供基本需要**：在确保基本生理需要得到满足后（如提供充足的休息时间、饮用水和舒适的座位等），为了帮助学生更专注于学习，应该给学生提供一个舒适和安全的学习环境。

③ **创造积极的社交环境**：教师可以促进学生之间的合作和互动，以满足他们归属和爱的需要。组织小组活动、进行项目合作和讨论都可以培养学生之间的友谊和互助关系。

④ **给予积极反馈和认可**：教师应该给予学生积极的反馈和认可，以满足他们的尊重需要。及时表扬和鼓励学生的努力和成就，可帮助他们建立自尊和自信心。

⑤ **提供挑战和成长机会**：教师应该提供适当的学习目标和挑战，以满足学生尊重和自我实现的需要。鼓励学生接受挑战，发展他们的技能和能力，并给予肯定和支持。

需要注意的是，应该综合考虑学生不同层次的需要，在满足其中一个层次需要的同时，也不要忽视其他层次的需要。

思考：

（1）在您的教学生涯中有哪些问题可以用"马斯洛需要层次论"来解释？

（2）学习了"马斯洛需要层次论"，作为老师，您打算如何通过自我照顾或者其他方式来满足自己的需要？

是润物细无声的春雨，是桃李开满园的农夫；
是传播真善美的信使，是每一个故事里的你。

教师的言传身教，是润物细无声；教师的默默奉献，是甘愿衬托的绿叶；教师的知识传播，是打开每一位学生看世界的心门的钥匙，"ta"总是需要您给予支持与帮助。在参与老师的故事里，您看到了学生的哪些需要，或者说教师有哪些"被需要"？从心理学的角度出发，借助本课故事回忆过往的教育经验，您有什么新的体会感悟？可以用文字的形式在下方记录记忆中关于"被需要"的故事。

在这里，留下您关于"被需要"的故事

聊聊令您最难忘的那些事　　　说说对您影响最深刻的事

需要是一座桥梁，它能够使学生和教师更加紧密地联结，帮助彼此有更深的了解，促进师生感情，共同迎接未来的挑战。

第3节课

自省而后自主

——我以愚公之精神，赴教育之山海

在上一次团体辅导活动中，"被需要"的内在需要是我们关注的焦点。老师们被需要的场景很简单，学生们一声声的呼唤就是被需要的最好体现。"教师"这不仅仅是一个简单的称呼，也是学生们的需要，或许它代表的是知识，或许它代表的是信任。我们希望参与教师通过探索自己的内在需要，发现自己被需要的价值和意义，让"被需要"成为前行的动力和信念，当教师感受到"被需要"时，说明关注学生的需要也在同时发生。这节课，我们将以关注为切入点，在第2节课的基础上，引导参与教师关注期待中的收获，思考这些收获是否与被需要相关。

思考：

请您回忆在自己的教学经历中，有哪件事是因为他人的关注使学生发生了变化？

这种关注可以是一句鼓励、一个眼神、一次谈心；这个变化可大可小，可以是一个习惯、一个信念、一份信心，任何积极的变化都可以。请分析自己"关注"的故事，并以"我想对曾经的××(自己)说……"的句式对Ta说上几句话。

第 *1* 部分 活动流程

第3节团体辅导活动课主题为"自省而后自主"，聚焦于创生感中"关注"的维度。

本节课采取了心理学团体辅导活动中常用的"手指操"作为热身活动，让手部动作搭配口号，"进团体嘿，来分享嘿，笔尖创作促成长嘿！"这个游戏有一定的难度，而且随着游戏的进行，难度还会加大，参与教师手忙脚乱的，但是脸上显现出简单又纯粹的笑容。这个时候带领者提醒大家，请看一下摄像头中的自己，有什么样的表情，是什么样的心情。通过这样一个小小的互动，参与教师的思绪暂时从纷繁复杂中抽离，全然沉浸在当下的快乐之中。

通过前两节课的铺垫，本节团体辅导课已经不再需要通过组内互动来活跃气氛，带领者以一个问题直接引入本期主题，带领参与教师进行思考。这个问题是："是否只要我们对某件事怀有强烈的期望，我们的期望就会真的实现？"带领者在此刻并未直接给出答案，而是带着参与教师一起复习第1节课提到的心理学效应——期望效应，又称罗森塔尔效应和皮格马利翁效应。它是指教师对学生的殷切期待能戏剧性地收到预期效果的现象。

在分享这个很有意思的心理学效应之后，带领者顺势提出了第二个问题："为什么我们的期望能够起效？"在参与教师主动地思考与讨论之后，带领者进行了心理学视角的解读。首先，可能是因为"权威性谎言"起了作用，罗森塔尔的谎言对教师产生了暗示，左右了教师对名单上学生能力的评价；而教师又将自己的这一心理活动通过情绪、语言和行为传递给了学生，使他们强烈地感受到来自教师的关爱和期望，变得更加自尊、自信和自强，从而在各方面取得了异乎寻常的进步。其次，也可以从期望价值理论的角度去思考，研究者认为动机来源于个体的信心——由认为自己多大程度上能完成任务以及完成任务本身价值所带来的意义共同决定。

对知识分享部分进行总结时，带领者从一个更为客观的角度肯定了除期望效应之外，自身努力是更为重要的现实情况，鼓励参与教师们可以尝试通过教师期望效应激发学生的内部动机，来调动学生的主观能动性。活动过程中，参与教师进行了金句分享，如"这个世界本没有天才，所谓天才就是那些通过自身努力，挖掘和发挥自身潜能，改变自身命运的人"。

基于以上分享，带领者引导参与教师进行回忆，在自己的教学生涯中，有哪些难题可以用期望效应解释？在未来，自己会利用期望效应进一步尝试吗？在参与教师分享的过程中，带领者鼓励参与教师提出新的解决方案，并让该方案具体化。这个过程中，很多参与教师有意识地将今天学到的知识和以往的经验相结合，提出了很多比以往教学经历中更为完善的解决方案。这是一个推陈出新、总结凝练、不断进步的过程。

之后带领者以"我眼中的学生"为题，邀请各位参与教师在纸上进行创作。带领者明确给出引导——创作无美丑、好坏之分，参与教师可以任意表达。例如：小草可以表达学生的朝气活力，一条横线代表未来，一块黑斑表达迷茫……鼓励参与教师大胆创作，并肯定任何形式的创作想法和尝试都是有价值的、宝贵的。之后，请参与教师在小组里展示创作，并分享我眼中的学生是什么样的。分享完毕后，每个人在组中分享对他人分享的感受。参与教师的反馈很有趣，有教师说或许是一拍即合的相似感，有教师说或许是忽略了许多的惊讶感，更有教师说或许是对他人观察发现的欣赏感。感受不尽相同，却都能量满满。

结合参与教师的创作，带领者鼓励参考教师回忆并分享在教学生涯有没有发生过这样的事情，即因为自己给予学生关注，使学生发生了变化。在每位参与教师分享结束后，带领者给了每个小组5分钟的时间，在自由分享自己当下听到其他参与老师的感受和反馈后，要求每位参与教师给予此时此刻的自己一份关注，也给予自己为学生所付出的关注一份肯定。

在活动的最后，又来到了笔尖发挥力量的环节，带领者请各位参与教师结合自身的教育经验，来写一写自己与"关注"的故事。

第 2 部分 教师写作

爱中成长

天津市宁河区东棘坨镇高景小学

张玉双

教师不经意的一句温暖话语，也许改变的就是学生的一生。

我们班有一对龙凤胎。一般女孩会比男孩发育得早，所以妹妹在很多方面"碾压"哥哥。哥哥每天都是"不高兴先生"附体，噘着嘴，整天一副不高兴的样子。一年级入学的时候，数学老师评价哥哥的字是瘸腿蜘蛛"爬"出来的，柴火棍"堆砌"而成的，身为语文老师的我也很困扰。

一次偶然的机会，我从孩子妈妈口中得知，孩子最怕的就是我，只要我说他作业字写得不好，孩子二话不说就会重写。我跟他妈妈说，孩子的学习态度，我都看在眼里，他的进步也是肉眼可见的。没有谁天生就优秀，只要努力了，在老师眼中就是最棒的。这样不经意的一次对话后，孩子也改变了。转天他就抱着作业本，让我看他写得怎么样。当天我就在班里面表扬了他，夸他用心、认真。从那之后，我发现这个孩子爱笑了，不再每天"阴云密布"了，对于学习越来越积极，也有了自己的朋友，不再是形单影只的一个人，整个人都变得阳光了。

对学生的关注，实质就是真爱、平等和公正，教师不经意间流露的爱与温暖，也许改变的就是这个学生的一生。我坚信只要对学生满怀爱与期待，他们会走向更光明的未来，拥有更美好的明天。

『赫洛克效应』

赫洛克效应揭示了表扬与正向反馈在显著提升个体表现及行为方面的强大效能。赫洛克曾开展一系列实验，结果有力地表明，表扬能够极大地激发学生的学习兴趣，显著提升其学习表现。与批评和忽视相比，诸如表扬、奖励这类正向反馈，在促进行为改进以及维持行为的持续性上，具有更为显著的成效 。

在日常教学实践中，张老师巧妙地运用了这一效应。有一次，张老师在班级里着重表扬了一位同学，夸赞他对待学习用心、认真。自那之后，令人欣喜的变化悄然发生。这个孩子脸上的笑容愈发灿烂，对待学习的态度也日益积极主动，整个人仿佛被注入了活力，变得阳光开朗起来。这便是赫洛克效应的生动体现，正向反馈为学生的行为改进与持续发展带来了极为显著的效果。

  这一效应也为教育工作者提供了重要启示。在日常教学活动中，及时对学生的学习效果予以反馈至关重要。多给予鼓励与赞誉，能够有效激发学生的自尊心与上进心，成为他们不断进取的强大动力。当然，即便学生犯错时需要进行惩罚，也务必做到适时、适度。惩罚的目的在于让学生清晰地明白受罚原因，以及知晓如何改正错误，从而实现成长与进步。

名字的风波

天津市宁河区潘庄镇西塘坨小学
彭 斌

今年接手的是四年级一班，班上有个同学姓"啜"。对于这个字的发音我也不确定，查了字典才知道用作姓时应该读"chuai"。新学期开学点名时我就叫chuai芯（化名），同学们都哄堂大笑，有人说怎么还"踹"芯，我们都叫"chuo"芯，家长也都这么叫，幸亏我查过字典，说明情况后让同学们下课自己也去查一下。

本以为这事就过去了，没想到几天后，班主任找到我，对我说，孩子的母亲打电话给他，让老师别那么叫她，还是按照同学和家长们都习惯的叫法。语文老师这么叫，常让孩子们取笑她。孩子回家很生气，就跟家长反映了，家长也挺生气的，没跟我直说，而是跟班主任反映了。我因为新接手这个班，也不知道什么情况，后来班主任跟我解释，说这个孩子父母离异，但是她没有改姓，新组家庭对这个姓比较敏感。

作为语文老师，我本应坚持正确的读法，但是听了家长的反应和班主任的说法，我想，那就随他们去，以后再叫这个孩子的名字，干脆就不叫姓，直接喊她的名字就得了。

　　由此，我对这个小女孩有了进一步的关注，小女孩的性格是非常活泼的。在班里，这个孩子非常有正义感，经常为受欺负的女孩打抱不平。但是学习成绩却不怎么好，有些作业不认真完成，上课的时候也不太注意听讲。我找她谈了很多次话，有所改变。有趣的是她慢慢地和我很是亲近，愿意把她家里的事情都告诉我。

　　说起学生的名字，现在想想，常常是一片空白，学生的名字真是太多了，只能记住现在所带班级学生的名字。往届的就不能马上叫出来了，需要在大脑中回想。有时过完寒假或是暑假再回到班上，盯着学生要想半天，开学一个月左右才能熟练叫准名字。当了这么多年教师，我叫学生常常只叫名不带姓，这样非常亲切。有时也叫小名或全名，但次数不多，小名过于亲切，适合家里叫，全名过于正式，学生也拘束。一名合格的教师，表现在各个方面。让同学亲近你，教学才能顺利进行。相反，让学生害怕你，教学效果也不好。我也常常听到学生抱怨某位教师，由此产生偏科的现象。喜爱某位教师，往往对他所教授的学科也有兴趣，这可能也是教学的小窍门吧。

　　教师和学生建立起亲近的关系，能激发学生的兴趣和积极性，从而促进他们在学习中的成长和发展。同样重要的是，教师应该始终保持专业性，需要平衡亲近和威严的分寸，以确保教育教学质量。

『内群体偏好』

　　内群体偏好是一种普遍存在于社会群体中的心理现象，指的是人们往往倾向于对与自己同属一个群体的人（即内群体成员）给予更多的喜爱、支持与偏袒，而对其他群体（外群体）则持有相对较低的好感或认同感。这种偏好具体表现为对自己所在的内群体拥有更高的认同感、好感以及忠诚度，并且在行为上更愿意主动帮助、积极合作或优先分配资源给内群体成员。

　　从积极层面来看，内群体偏好能够极大地增强群体的凝聚力。通过成员间相互支持与合作，内群体成员之间的团结得以显著提升，进而促进群体在共同目标的指引下，实现高效、有序的协作。

　　在教育领域，这一效应同样具有重要的应用价值。彭老师在日常教学中，就巧妙地运用了内群体偏好原理。他通过与学生一对一深入谈话的方式，逐步建立起与学生之间深厚的信任感和紧密的情感联结。在这个过程中，学生真切地感受到彭老师是值得信赖、能够倾诉心声的"自己人"。随着时间的推移，学生与彭老师之间的关系愈发亲近，他们不仅在学习上更加积极主动，甚至愿意与彭老师分享家中的大小事情。此时，彭老师成功地成了学生的"内群体"成员，师生之间建立起了坚固的信任关系。

　　这种基于内群体偏好建立起来的良好师生关系，对学生的学习兴趣和积极性产生了强大的激发作用。正如教育名言"亲其师才能信其道"

所言，当学生与教师之间建立起深厚的信任和亲近感时，学生更易于接受教师所传授的知识和理念，从而在学习过程中表现得更加积极主动。

这也为广大教育工作者提供了宝贵的启示。在日常教育教学活动中，教师应当积极主动地与学生进行交流沟通，努力构建彼此信任、融洽和谐的师生关系。同时，教师还需致力于创造一个公正、包容的学习环境，充分尊重和欣赏学生之间的多样性，为每一位学生提供公平的学习机会。如此一来，教师不仅能够利用内群体偏好原理，增强与学生之间的情感联系，提升班级的整体凝聚力，还能为学生营造一种积极向上、有利于学习和成长的良好氛围，促进学生在学业和个人发展方面取得更好的成绩。

"关注"一小步，成功一大步

毕节市赫章县罗州镇松林小学

黄上群

自从当了班主任后，我的办公室多了很多小东西：针线、碘伏、棉签、创可贴等。

那时候，班上有位男同学，父母感情破裂离婚后，跟着父亲生活。父亲很快再婚，之后便外出务工，把他送去了继母家生活。因为继母家还有几个同龄的兄弟，所以一直矛盾不断。一年后父亲又把他转到爷爷奶奶这边来读书。可能因为家庭情况的特殊，也或许由于爷爷奶奶带得比较娇惯，他身上有很多坏习惯，说谎话、不听课都是"小儿科"，有时候他还会欺负同学。

有一次，又有学生告状说他调皮惹祸了，我急忙去找他了解情况。当我了解事情发生经过时，发现他有些心不在焉，总是偷偷地瞟自己的手。我顿时就来了火，心想：这位学生也太难管了，平时也就算了，现在犯了错，还不知悔改，我在这里说这么多，不认真听，还想着玩手里的小东西？想到这里，我拉过了他的手，却发现手心里啥都没有，倒是发现他的中指指节破了一小块皮。我马上把他带到了我的办公桌旁，找出碘伏和棉签。一边了解情况，一边给他的手指消了消毒，然后贴上创可贴。等我弄好抬起头来时，发现他愣愣地看着我，眼睛里有什么在闪烁。了解清楚事情经过以后，发现的确是他的错，我便要求他去道歉，他乖乖地去了。那天的他格外听话，接着我给他讲了些同学之间和平相处的准则，这一次他一改以往的散漫，一直注视着我，认真地听我说话。

从那以后，他听课认真了很多，尽管还是调皮，但不会伤害其他人了。如果我请他做什么事儿，他会很积极。同事们都在感叹，说他的变化太大了。

现在，虽然我不当班主任了，但我的办公桌里还是备着那些小东西，过期就更换。有时候，学生们不小心弄到些小伤口，都会来我这里消毒，将创可贴贴上。如果衣服不小心扯开小口，也可以来我这里，拿针线补补……

本次活动上，郭老师说："有爱的学生是来学校学习的，缺爱的学生是来学校寻爱的。"我深受震撼，有时候我们给那些"特殊学生"一点点的关注和爱，真的会改变他们的一生！

『南风效应』

南风效应也称温暖法则，来源于一篇寓言故事：北风和南风比威力，看谁能将行人身上的大衣脱掉。北风凛凛、寒冷刺骨，行人为了抵御寒风便裹紧大衣；南风徐徐吹来，风和日丽，行人觉得温暖，解开纽扣，脱掉大衣。南风效应借指人际交往中，温和的沟通方式可以让人心理舒适，而冰冷的方式可能会适得其反。

在教育中，与学生沟通时要注重尊重和关心，讲究方法，温和相处。

关注的力量

定西市临洮县洮阳镇养正小学
王丽娟

在我所带的历届班级中，有一级是从一年级开始接手的。对于从没带过一年级的我来说，信心满满，感觉既是挑战，也是积累经验的机会。

刚接这个班的时候，我看到孩子们个个稚气未脱，一脸天真，非常可爱。一段时间的接触后，一个吐字不清晰的小男孩——小波（化名）引起了我的注意。他父母常年在外打工，由爷爷奶奶照顾他，他们年事已高，爷爷耳朵听不清楚，奶奶要同时照顾小波和他上初中的哥哥，也时常力不从心。小波在各方面的表现都不是很突出。课堂上，小波发言时会吐字不清晰，就是我们俗称的"大舌头"，他每次发言都会受到同学们的嘲笑。慢慢地，我发现他上课不喜欢发言了，平时也不爱说话了，班里的活动也很少主动参加。关注到这些后，我暗暗下定决心，要让小波阳光自信起来！

课堂上，我鼓励小波大胆回答问题，并及时表扬他的勇敢。一次语文课，我提出了一个对一年级学生来说需要思考的问题："如果父母去上班，你一个人在家时该注意什么呢？"在我眼神鼓励和动作暗示之后，小波犹犹豫豫地举起了手，声音又轻又低："老师，我……我会把门锁……锁好……不爬窗子……等爸爸妈妈回来……"回答虽然不够流利，但能把自己的想法勇敢地表达出来，值得肯定。机会不容错过，我及时表扬他说："小波真能干啊，懂得保护好自己，进步很大，我们都要向他学习！"他笑了，笑得天真可爱。从那以后，他举手的次数明显地多了起来。

除此之外，我还有意识地培养小波流利表达的能力。有一次，我们在进行表达训练，内容是问路："兰兰要到公园去，但不知路该怎样走，她该如何向老爷爷问路？"思考之后，小波举起了手，但又担心自己说不好，不敢张口。我请班上表达出众的小卉（化名）同学配合他，模仿文中的主人公，并以对话形式进行表演，他们表演得很出色。

之后，为了提高同学们参与班级管理的积极性，我想到了轮流担任组长的办法：结合一周的表现，由我提名，全体同学投票选举小组长。

在某一周，小波表现突出，我便提名他当组长，投票也通过了。从那以后，小波对待班级工作认真负责，性格也变得开朗活泼起来，他再也不是那个和同学斤斤计较的"小少爷"，性格别扭的"小不点"，而是学会了谦让与宽容。

是一种什么力量让小波脱胎换骨呢？或许是关注与接纳。是我对他的关注让他变得自信，是同学们的接纳和肯定让他变得阳光。

『角色效应』

　　现实生活中，人们以不同的社会角色参加活动，这种因角色不同而引起的心理或行为变化被称为角色效应。

　　角色效应说明了环境和角色对个体行为的重要影响。人们往往会自我调整和适应以符合所扮演的角色的期望和要求。

　　王老师通过提名表现突出的小波同学为组长，进而强化他的正向行为，使他对班级工作更加认真负责，性格也变得活泼开朗，学会了谦让与宽容。在这个过程中，小波就是在进行自我调整和适应，以符合组长这个角色的期望和要求。

　　在教育领域，了解角色效应有助于教师认识到自己对学生的角色影响，并根据角色要求和期望来引导学生的行为和发展。同时，学生也可能在教育环境中扮演不同的角色，如学习者、领导者或合作伙伴，教师也可以发挥角色效应来激发学生的积极表现和学习动力。

"夜来香"幽然开放

白银市靖远县北湾镇富坪学校

魏甲静

我很喜欢这句话:"这个世界本没有天才,所谓天才是那些通过自身努力,挖掘和发挥自身潜能,改变自身命运的人。"作为一个教育者,我经常会不自觉地运用"期望价值理论"。期望包括内在期望和外在期望。内在期望是我们常说的一个人做事的内部动力,即内驱力。与之相对的便是外驱力,也就是一个人做事的外部动力。

在这里我要分享"夜来香"(化名)的故事。在我接手四年级下学期这个班时,"夜来香"的语文成绩不佳。他是一个留守儿童,虽然父母会不定期回家,但在家里待的时间很短暂,大部分时间是在爷爷奶奶的陪伴中度过的。因为父母长时间不在家,亲子关系也变得疏远。即使父母打来电话,他也从不主动接听,偶尔接听更是不愿意和父母交谈,说话也是结结巴巴。在课堂中,我会经常留一部分关注给"夜来香"这样的孩子。我注意到"夜来香"的字写得歪歪扭扭的,很难辨别。布置的作业不能如期完成,但我从来不批评他,因为我知道以他目前的基础,有些作业无法完成。我便让他只写基础作业,并给他更多的时间去完成。只要他的书写有进步或者举手发言，我都会及时地给予表扬和肯定。经过大半学期的努力，"夜来香"的语文成绩提升了不少。更令人欣喜的是，"夜来香"开始主动给在外打工的父亲打电话，电话中侃侃而谈，关心在外的父母，这令他的父亲激动不已。我想孩子并不是不愿意和他人交流，只是内心不够自信，心灵中那扇窗户被暂时关闭了。教师的一言一行、一个眼神、一份鼓励对孩子都是很好的暗示，你能行的，你可以的！当孩子被爱滋养了，内心发生了变化，有了内驱力，他就会行动起来。

关注个体差异，承认并尊重个体差异，是"夜来香"得以快速成长的丰沃"土壤"。积极的肯定与评价是一束光，照亮"夜来香"的生活。当外在的期望与内在的价值不谋而合时，"夜来香"正在幽然开放。

『登门槛效应』

人们大多不愿直接接受难以完成的要求，相反，对于较小、较易完成的要求却容易接受，在实现了较小的要求后，才会慢慢地接受较难的要求，这就是登门槛效应。

日常教育中，老师和家长可以先给孩子定一个容易完成的小目标，完成小目标之后再逐渐提升难度。这个过程会使孩子的抵触心理降低，而且也更容易完成最初的目标。登门槛效应能够帮助学生树立明确的目标，激发学习动力，促进学生的自信和成就感。

第 3 部分 知识分享
——自我效能感

▶ **概念简介**

"我相信我能，我便能"，是什么让我们如此自信并能成功？

大家在不经意间回顾了罗森塔尔效应，扪心自问，难道不是他人的期望在起作用吗？

是的，但我们自身强烈的信念可能起到了更大的作用。这一信念是指我们利用自身拥有的技能去完成某项事情的自信程度。这是心理学家班杜拉提出的"自我效能感"。

自我效能感指个体对自己是否有能力完成某一行为所进行的推测与判断，是个体对自己在具体活动中的能力方面所持有的信念。

自我效能感决定着人们对行为的选择，以及对该行为的坚持和努力程度，并影响着人们的思维模式和情绪情感，进而影响新的行为习得和结果获得。

J. K. 罗琳（J. K. Rowling）的《哈利·波特与魔法石》在被伦敦一家小型出版社接纳之前，曾经遭到12家出版社的拒绝，但她坚信自己的作品有价值，一直未曾放弃；"飞人"迈克尔·乔丹（Michael Jordan）上高中时曾被校篮球队拒之门外，但他坚持不懈，从未放弃。他们的成功，很大程度来源于对自己能力和目标的强烈信念。

自我效能感高的人往往具有较高的期望值，遇事理智，乐于迎接挑战，能够控制自暴自弃的想法，需要时能发挥智慧和技能。

自我效能感低的人则常常容易畏缩不前，情绪化地处理问题，在压力面前束手无策，易受惧怕、恐慌和羞涩的干扰，所掌握的知识和技能在需要时无以发挥。

注：长期自我效能感低的人，可能会习得性无助，认为自己无论如何努力都是徒劳的、是不会取得成功的。

总的来说，影响自我效能感高低的因素主要有：

①个人自身行为的成败经验（自我强化）：这是影响自我效能感最直接、最重要的因素。个人在过去完成任务或面对挑战时的成功或失败经验，会极大地影响其对自己能力的信心和预期。成功的经验会增强自我效能感，使个体更加相信自己能够应对类似的任务；而失败的经验则可能削弱自我效能感，使个体在面对类似任务时感到不安和缺乏信心。例如，一位学生在数学考试中连续取得好成绩，就会对数学产生更强的自我效能感。

②替代经验或模仿（替代强化）：人们通过观察他人的行为及其结果，也可以形成对自己的效能预期。如果看到与自己相似的人在某项任务上取得成功，那么个体就会相信自己也能做到，从而增强自我效能感。相反，如果看到他人失败，个体可能会对自己的能力产生怀疑。例如，一位看到同学通过努力练习提高了英语口语水平的学生，可能会受到激励，相信自己也能通过练习提高口语。

③**言语劝说**：他人的鼓励、建议、暗示或评价，尤其是来自重要他人（如父母、老师、领导）的言语，对个体的自我效能感有很大影响。积极的言语劝说可以增强个体的自我效能感，使其更加相信自己能够克服困难；而消极的言语则可能削弱自我效能感。例如，老师对学生说："你很有潜力，只要努力，一定能学好这门课。"类似的言语会增强学生的自我效能感。

④**情绪唤醒**：个体在面临任务时的情绪状态也会影响其自我效能感。积极的情绪（如兴奋、自信）可以增强自我效能感，使个体更加愿意尝试和挑战；而消极的情绪（如焦虑、恐惧）则可能削弱自我效能感，使个体避免或逃避任务。例如，一位学生在考试前感到紧张焦虑，可能会降低其对考试的自我效能感。

⑤**情境条件**：任务的特点、难度、所需技能以及可用的资源等情境条件也会影响个体的自我效能感。如果任务被认为是容易完成的，或者个体拥有完成任务所需的技能和资源，那么其自我效能感就会增强；相反，如果任务被认为是很难的，或者个体缺乏必要的技能和资源，那么其自我效能感就会减弱。例如，一位学生在参加科技创新竞赛时，由于他对科技有浓厚的兴趣，并且掌握了很多相关的知识和技能，因此在准备和参赛过程中，他可能会更有信心完成这项任务。这种情境条件中的兴趣匹配、技能准备以及竞赛平台的支持，都增强了他的自我效能感。

▶ 应用场景

李老师会经常赞美学生的努力，鼓励他们相信自己的能力，他们取得的小小成就会产生（自我）强化作用，下一次则更好。在他的课堂上，每位学生都有机会体验成功，他们会观察到同伴的成功经验（替代强化），受到李老师温暖的鼓励（情境条件），同时也学会学着理解和控制自己的情绪（情绪唤醒）。李老师的课堂总是充满笑声和快乐，他发自内心的每一句赞美、每一次鼓励（言语说服），都会像阳光一样照亮学生的心。他的学生由于感到被理解和支持，自我效能感得到提升，不仅在学习上更有动力，在生活中也更有勇气去面对挑战。

作为教师，我们不仅能够提高学生的自我效能感，同时也能提高自己的自我效能感。教师的温暖与关怀，可以鼓舞学生有信心去追求自己的目标。只要我们相信学生，学生就能学会相信自己，用自信和勇气去拥抱未来。反过来，学生的优秀表现也会让我们在教育之路上有更多的自信，教出更优秀的学生，取得更大的成就。

▶ 我们在日常生活、教学中可以这样做

① **给予积极反馈**：赞美学生的努力，而不仅仅是结果，使他们相信，只要他们努力，就一定能够取得进步。

② **设定适合的目标**：帮助学生设定切实可行的目标，让他们有明确的阶段性学习目标，积攒每一次成功的喜悦和被肯定的感受，越来越有信心去实现这些目标。

③ **展示成功案例**：向学生展示他们的同伴或他们自己过去的成功经验，让他们看到成功是可以通过努力实现的。

④ **鼓励正面的自我对话**：教导学生如何使用积极的语言来鼓舞自己，增强他们的自我效能感。

⑤ **教导情绪管理**：帮助学生理解和调控自己的情绪，使其减少消极情绪的干扰，更好地应对学习和生活的挑战。

思考：

（1）在您的教学生涯中有哪些教育情境可以体现教师的"自我效能感"？

（2）通过学习"自我效能感"，您认为哪些具体的做法可以提升学生的自我效能感？

一个不经意间的举动，一个关怀备至的眼神；

看似漫不经心的一切，却是 ta 心底渴望已久的春风。

教师在学生心中是希望的象征，有时是害怕胆怯的鼓舞者，有时是取得进步的激励者，有时是孤独无助的陪伴者，有时是欢乐喜悦的分享者，您是否有过因为您的"关注"而助长了她/他们的希望的经历？试试从心理学的角度去理解，您可以在下方用绘画或文字记录的形式以"我眼中的学生"为主题，在纸上创作，创作您记忆中关于"关注"的故事。

在这里，留下您关于"关注"的故事

聊聊令您最难忘的那些事　　　　说说对您影响最深刻的事

_____

_____

_____

_____

_____

_____

_____

_____

关注是一种能力，它能够让教师捕捉到学生的不同侧面，学生常常因为被关注，其学习生活会发生积极的变化。

第4节课

自励而后自强

—— 一个榜样胜过千万条教诲

第3节课，我们谈到了"关注"，不知各位教师有没有感受到关注对一个人的影响，尤其是教师权威身份下的关注，对学生会有更大的影响。在这里推荐各位读者朋友观看电影《放牛班的春天》，看看影片中的马修老师是如何利用对于学生的关注，改写学生和自己命运的。

本节课，"榜样的力量"是我们关注的焦点。榜样的意义在于，他们作为精神导师，不仅可以启迪我们的心灵，还会影响我们行为和思考的方式。通过学习和借鉴优秀的榜样，我们努力让自己成为更好的人。本节课让我们用心灵去感受创生感"信仰"维度的价值和意义。

思考：

请您仔细回忆，在您的教学生涯中有哪些榜样？或许是他们鼓舞您走上了讲台，或许是他们激励您在教师岗位上坚持了数余载，或许是他们感动您让您选择陪伴在学生身边……他们或许是书籍里的人物，或许是身边同事，或许是曾经教过您的老师，或许是您的学生……当然，也可以是您成为他人榜样的故事。

（1）我的"榜样"是个什么样的人？他/她的什么力量一直伴随我、激励我？

（2）在我的教育教学经历中，有没有一件事儿让我觉得我在朝着"榜样"指引的方向前进？

第 1 部分 活动流程

本节团体辅导活动的主题为"自励而后自强"，聚焦于创生感中"信仰"维度中"榜样的力量"。

"汲取榜样的力量，砥砺前行"。榜样的意义在于，他们可以给我们提供一个向上看、向前进的方向。本节课以"感动中国人物张桂梅、支月英的事迹"为基础，体悟"燃灯精神"和"青松精神"的高尚情操和初心底色，凭借着对教育扶贫的坚持和对讲台的热爱，将无私奉献的品质化为行动，带给大家温暖和力量。有些人认为她们"傻"，其实这种"傻"是她们为教育尽心竭力的无私奉献。教师的"傻"要如何理解？回忆教学生涯中自己是否也有"傻"的瞬间，希望通过本节课参与教师能挖掘"榜样"对自身的影响，并树立作为人民教师要成为学生榜样的信念。

团体辅导活动开始时，带领者以"蝴蝶拍"的热身小游戏帮助参与教师放松身心、缓解压力。随后，以"人是如何学习的？"设问，引发参与教师深入思考，开启本节课知识分享环节。带领者从"注意、保持、再现、动机"四个过程详细介绍了"班杜拉社会学习理论"，该理论认为人类的学习基于环境与行为的互动，不是简单的刺激反应。班杜拉强调观察和模仿在人类学习中的重要性，他认为人们相信自己可以达成某个目标或任务的信念是维持动力的关键，并通过接收反馈来调整自己的行为和思维方式。被榜样所吸引，将榜样的行为刻在脑海中，反思自己的行为并模仿榜样的行为，在这个过程中，人们可以通过自我观察、模仿和反馈获取新的知识和技能，使学习成为一个循环。参与教师静静地聆听，聚精会神地记笔记，努力去理解和掌握所学的知识，若有所思的神情仿佛已经在想象未来如何运用所学的理论解决问题了。

知识分享过后，带领者带领参与教师在平静的状态下回忆自己的榜样。榜样是学习的标杆，可以是书籍里的人物，也可以是身边的同事，还可以是自己的老师，甚至是自己的学生。一切值得我们学习的人都可以成为榜样！

进入小组，每位成员拿出一张纸，将其对折，并分别在纸的上半页以"我心中的榜样"，在下半页以"向榜样出发"为主题进行创作，创作无高下之分，自由发挥。随后每位成员在组内分享自己的"榜样"，讲讲榜样的哪些精神一直伴随和激励着自己；在教学经历中，有没有一件事情是在朝着"榜样"的方向前行。小组的每位成员都分享了自己的榜样并交流听到组内其他参与教师讲述故事后的感受。分享的过程本身就是一种很好的交流和学习方式，他人的榜样故事中也蕴藏着强大的精神力量，激励人们追求更高的目标，引导人们向着更为正向的方向前进。

小组分享结束后，带领者邀请每位参与教师用一个词表达今天团体辅导的感受，并对每位参与教师的真诚分享和耐心聆听表示感谢。最后，希望参与教师在安静独立的环境下，书写下关于今天所回忆的榜样故事，也可以描述一件自己在教学生涯中做过的"傻事"，这件事让自己觉得值得去做。

相信您也有自己的榜样，不知您的榜样带给您怎样的鼓励，期待您的分享。希望在写作中每个人都能寻找到更深层次的理解以及与榜样的链接。

第 2 部分 教师写作

榜样的力量

毕节市赫章县朱明镇发开小学
曾茂菊

说到榜样，无疑会和"感恩""感激"放在一起，嘴角上扬，满是感激。"饮其流者怀其源，学其成者念吾师！"我和很多人不一样，当老师一直是我的梦想。我是"90后"，童年时代父母离异，爸爸的努力和拼搏激励着我们姐弟几个，在我幼小的心灵里埋下了一颗种子——我一定要好好读书，比周围的伙伴都优秀，让爸爸的辛苦得以回报。积极的心态为后来坚定要当老师并遇到我的"精神力量"做了铺垫。

2004年，因为老家早婚早育的现象非常普遍，爸爸把我从乡下带到县城读初中。我没有机会看电视，爸爸订了报纸，每天我都会和他一起从报纸上了解各种新闻，也认识了我的榜样，坚定了"我要当老师"这个信念的那个人——"2004年感动中国人物徐本禹"。

"徐本禹"一直在我的生活中鼓励着我。就如现在的我，一样坚信：农村孩子的路需要有人铺，就算我的力量有限，铺不出来也要指一指大概方向。带着这份激励，我后面的学习就更加有力量，尽管家庭的一些变故让我的求学之路很艰苦，大学时半工半读的艰难也没有让我动摇我要当一名老师的初衷。

2013年大学毕业，已经考上省会城市教师资格的我，还是遵从自己内心的声音，放弃了留在大城市的机会，参加"特岗教师计划"，在家人的一片反对声中来到农村工作。十年的农村扎根，我感受到了不为命运低头的生命之力，我很庆幸我今天也能像当初被我的榜样影响我一样去影响这些学生。学生在作文《二十年后的我》中都提到了我对他们的影响，在他们二十年后的想象里居然还有我！我所做过的这一切就值得了。

如今我已经是一位妈妈，我努力多方面学习成长，有了新的目标——当孩子心中的"榜样"妈妈，也许我给她创造的物质财富有限，但我想在精神上为她创造一个富足的环境，她和学生一样，都是需要榜样的。我希望自己在他们的成长中，充满着满满的正能量，让他们的内心暖暖的！

『内外控归因』

内外控归因是由美国心理学家朱利安·罗特曼在20世纪60年代提出的心理学理论。它描述的是个体对于生活事件结果归因的倾向性。如果一个人认为自己的行为和努力能直接影响结果，那么他是内控型归因；如果一个人认为自己的结果更多地受到外部因素，如命运、运气或者其他人的影响，那么他是外控型归因。

在这篇文章中，作者虽然经历了父母离异、家庭困苦等困难，但她坚信自己通过努力可以改变生活，比如选择回到农村从教，坚定自己的人生道路。这种积极面对生活，相信自身行为和决策能影响人生结果的态度，体现了作者强烈的内控型归因。

我们感动于作者的内控型归因，尤其是在面对困难和挑战时，更相信自己的努力和行动可以改变结果，而不是消极地认为一切都是命运或外部环境的安排。内控型归因不仅可以提高我们的自我效能感，也能激发我们的积极心态和行动力。同时，作为教育者，我们也可以通过树立正面的榜样和引导，帮助孩子建立内控型归因，让他们明白很多情况下他们的努力是能改变结果的。

我与榜样的故事

定西市陇西县站北小学
杨克亮

榜样的力量是无穷的、是伟大的、是潜移默化的。在我们这个人口不过五十万的小县城，教师群体有七千多人，身边有许多榜样，值得我们去学习。我的身边就有一位这样的榜样。他是我工作之后的第一任校长——张志英老先生。

称他为先生，实至名归。师者，传道授业解惑者也！在他身上，我学到了踏实认真，学到了兢兢业业，学到了勤勤恳恳，甚至还学到了为人处世的道理。他是令我最敬佩的先生之一。

2010年大学毕业的我，很顺利地进入了我们这里一所乡村中学任教。刚上班的我，意气风发，满怀豪情壮志，和学生打成一片，其乐融融，感慨自己入对了行。可在教学这一块，就显得没那么得心应手。因为工作之前没有真正的实习经历，面对一双双渴望求知的眼神，一时不知如何是好。开学一周之后，学校安排听课，听课老师从后排一直坐到讲台跟前。这是一堂失败的课，我心想，这下惨了，同事们肯定会投来异样的眼光。没想到，张校长亲自组织评课，一开始就定了基调，咱们的小杨老师刚参加工作，没有什么经验，大家帮他出出主意。评课在很友好的氛围中结束，至今回想起来，要不是张校长平心静气地给我指导，我真不知道后续如何开展工作。在张校长及同事们的指导与帮助下，不久之后，我就能独当一面了。

『同理心』

同理心是一种能力，是一种对他人情绪的深入理解与体察。

在这篇文章中，张校长的同理心表现在他对作者的理解和支持上。因为作者是新来的教师，没有太多的经验，所以张校长没有责怪他，而是尽力帮助他适应新的工作环境。这种行为传递了对新教师的尊重和理解，也能够帮助他们更好地适应新环境，提高了他们的工作效能感。

在日常生活中，同理心是一个非常重要的社会和人际技能，我们可以通过培养同理心，提高我们的人际关系和社会交往能力。当我们在与人交往中尽量理解对方的感受和需求，而不是只关注自己的想法和需求时，我们就能更好地与他人建立深厚的人际关系，更好地解决冲突，更有效地进行沟通。

榜样如葵 向阳而生

吉安市遂川县西溪黄源小学
余美美

冰心曾说："世界上没有一朵鲜花不美丽，没有一个孩子不可爱。"我觉得我的学生就像花园的小向日葵，而我是他们的小太阳，但同时我又是期待大太阳的大向日葵。

其实谈及榜样这个话题的时候，我的脑海里蹦出的第一位老师就是她。她是我在一次教学比赛当中遇到的一位老师，当时她参赛的课题是口语交际《商量》，她的教学过程生动有趣，教学逻辑非常清晰，学生跟着她入情入境地走进了课本，在玩中学，在学中玩。通过小故事的导入，再依据课本的小话题，让学生跃跃欲试，一点儿也不胆怯。这节课让学生真正学会了商量。

之后有一次突然接到学校要上公开课的任务，我紧张到晚上都睡不踏实，脑中一遍一遍地过着教学流程。到了上公开课那天，我看见很多同事来听我的课，一紧张，把昨天准备好的一切都忘得差不多了。这个时候，我想起那天在比赛场上的她，镇定自若，与课堂与学生已成一体，给了我很多力量，让我快速平静下来，从容地上完了这节公开课。

我心里不止一次希望自己能够成为像她那样的老师。当然，像她那样优秀的老师还有很多，都是我学习的榜样，这些榜样都是我前进路上的光。我希望自己能做学生的"小太阳"，温暖他们的心房，让他们对学习更加感兴趣。同时希望在我成长的路上，能遇上许许多多的"大太阳"，给我温暖，让我能自由绽放，释放芬芳。

『社会比较论』

社会比较论强调个体通过比较自我与他人的方式来获得自我认知及自尊，形成或者改变自己对某人某事的行为和态度。

在这篇文章中，作者描述了自己对一位优秀教师的敬仰，这可以视为一种向上的社会比较。作者观察并尝试模仿这位教师的教学风格和态度，希望自己能够达到相同的水平。这种比较激励了作者去提升自己，从而更好地发展自身的教学技能和专业素养。

在教育环境中，教师可以利用这种理论来激励学生。例如，教师可以设置高水平的参照标准，让学生有向上比较的对象，从而激发他们的学习动力。同样，教师也可以鼓励学生看到自己的进步，比如通过比较自己过去和现在的成绩，这是向下比较的一种形式，可以提高他们的自尊和自我效能感。总的来说，无论是向上比较还是向下比较，关键是如何合理利用，以促进个人成长和发展。

我的榜样

天津市宁河区潘庄镇大贾庄小学

刘秋菊

八月，暑气渐渐退去，告别学生时代的我，带着对教育的热情，开启了为人师之旅。

虽说早已知晓工作中面临的是一群小学生，但是真正走进教室，登上讲台，面对一双双稚嫩的目光时，那份责任感瞬时剧增：我该如何引领他们健康成长？在压力面前困惑不已时，非常庆幸，我遇到了工作中的第一位良师——我接手班级的原任班主任，刘老师。

刘老师是接近50岁的老教师，说话不紧不慢，却又很吸引人。课堂上的刘老师，总是笑眯眯的，亲切又慈祥，丝毫没有老师的架子，和学生交流时，自然温和又风趣，学生们深深地被他所吸引，课堂氛围非常和谐。课下，他耐心地给学生补习功课，还时不时地拿出糖果给他们，从没看见过他跟学生发火，无论多么调皮、淘气的孩子，在他面前就像小绵羊一样，乖乖地听话。不禁让人感叹：教育的力量多么神奇！

这神奇的力量不仅改变着他的学生，也深深地改变着我。从刘老师的教学活动中，我感受到：当老师是件很快乐、很有意思的事情。当我们俯下身来，用孩童的眼光观察他们、思考他们，贴近他们的心灵时，就会感受到他们思想的丰富、感情的纯真。学生身上发生的点滴小事都是可以溯源的，不知不觉中，我发现每天和学生在一起时间总是过得那么快，和学生在一起交流谈心，授课答疑，做广播操、大扫除、跳房子……点点滴滴都使我感到非常有意义，学生的成长、进步使我感到快乐。从那时起，迷茫的心也渐渐沉静下来。刘老师的课堂点亮了我前进的方向，"像他那样，做一名学生喜欢的老师，终我一生"的信念从此种在了心里。

岁月流逝，工作环境几经改变，然而刘老师的教育风格一直深深烙印在我心里。感谢在我初登讲台时遇到了刘老师，几十年来，他像一盏灯，指引着我前进的方向，无论工作中经历怎样的风雨，我始终没有忘记自己的初心，朝着"灯"的方向砥砺前行。

『角色效应』

角色效应是指人们的行为和态度往往会受到他们所扮演的社会角色的影响。简单来说，我们会根据自己所在的环境和所扮演的角色来调整自己的行为和态度。

文中作者作为一位新上任的教师，他在工作中的角色变化让他感到了巨大的责任感。这种责任感就是角色效应的体现。

理解和应用角色效应可以帮助我们更好地适应社会环境，提升个人能力。例如，在职场环境中，我们可以通过理解自己对自己的期待，以及其他人对我们的期待，来调整自己的行为，以达到更好的工作效果。

我的精神榜样

天津市宁河区东棘坨镇中学
王金英

记得我上小学一年级的时候，有一位三十多岁的女老师，她很漂亮，也很温柔。她常常带着一串钥匙，在这串钥匙当中有一个削笔刀，哪位同学的铅笔尖不够尖了，她都会帮着削铅笔。北方的冬天很冷，我像往常一样，把使得不尖的铅笔放在铅笔盒里，拿起另外一支铅笔写字。她是那么的热情，就像妈妈一样无声地走到我的身边，从铅笔盒里拿过我使秃了的笔，帮我削起来。削好后递给我，微笑着说："试试好不好用。"我从老师手里接过铅笔，感觉铅笔有温度，比我的手还热，一股暖流在我的手上慢慢扩散，手心、后背、心里，连脸上都暖烘烘的，如今40余年过去，仍感觉温暖如春，老师无私的爱在我心里深深扎下了根。

高中的时候，我的语文老师个子高高的，面白而略显瘦削，向上看时，眼白多而黑少，这时我就想起范爱农，心中都要偷偷笑一下。语文老师话虽不多，但是课文讲得非常到位，尤其是朗读的时候给我印象特别深刻。至今还记得他在讲《茅屋为秋风所破歌》这一课时，他只朗诵了两遍，我聚精会神地听着，当时就觉得自己好像会背了，然后又看了一遍课文，果然会背了。我都很惊讶自己背得那么快！因为这首诗歌的篇幅并不短。

当我后来教语文的时候，我也效仿两位榜样的做法。我也会通过生活、学习中的一些小事儿把我的爱传达给学生，也会一遍一遍地朗诵课文。还有许许多多的人，他们以实际行动教会了我细心、耐心、心怀善意、关怀他人、一身正气，让我拥有宝贵的精神财富！他们都毫无例外地成为我的精神榜样，让我的人生亮丽起来！

『正面强化理论』

正面强化理论是行为主义心理学中的一个基本理论。该理论认为，当一个行为产生了令人愉快的结果时，这个行为在未来重复的可能性就会增加。所谓正面强化物可以是任何增强了特定行为的事物，比如赞美、奖励，也可以是满足了个体的某种需求。

在文中，我们可以看到王老师是如何受到她的老师的正面影响的。

首先，高中语文老师的朗读方式给她留下了深刻的印象。这位老师的朗诵方法满足了她对知识和美的追求，这种正面的学习体验增强了她对学习语文的兴趣，并强化了她对这种教学方法的认可。

其次，正面强化的效果在作者成为一名教师后得到了体现。她模仿她的老师们，将她在学生时代收到的正面强化转化为她教学方法中的正面强化，满足了学生的需求，提高了她的教学效果。同时，看到学生的成长和进步，满足了她的自我实现需求，进一步强化了她使用这种教学方法的决心。

第 3 部分 知识分享
——社会观察学习理论

▶ 概念简介

　　罗斯（Ross）和斯特恩（Stein）进行了一项实验，目的是深入探索儿童如何通过观察学习来展现出帮助他人的行为。在该实验中，儿童们先观看了一段录像，录像中的成人模型在不同场合下均展现了助人为乐的行为，如协助他人捡拾失物或在有人受伤时伸出援手。随后，这些孩子被置身于类似的实际情境中，以便研究人员观察他们是否会效仿录像中的成人行为。实验结果表明，那些观看过成人助人行为录像的儿童，在相似情境下比未观看过该录像的儿童更乐于提供帮助。这一发现有力地证实了他们确实能够通过观察和模仿他人的正面行为来学习如何助人为乐。

　　观察学习包括了四个过程，分别是**注意**、**记忆**、**模仿**和**动机**。在学生学习生活中，注意力是否集中、对于观察结果的记忆是否牢固、模仿动机的强弱都会影响观察学习的效果。

▶ 应用场景

场景一：在学校的操场上，小明看到同学小丽在放学后主动去清理垃圾桶旁的垃圾，并得到了老师的表扬和感谢。小明注意到小丽的行为并记住了（注意和记忆），心里想自己也可以这么做。几天后，小明在操场上看到一些散落的垃圾，想起了小丽的行为，于是他也主动捡起垃圾并扔进垃圾桶（模仿）。看到小明的行为，老师也表扬了他。其他同学看到小丽和小明都因为主动清理垃圾而受到表扬（动机），纷纷表示以后也要养成这种好习惯。

场景二：李老师去听学校里王老师的公开课，发现王老师的课件内容十分清晰、简单易懂（注意），并看到身旁共同听课的教师频频点头赞许，决定自己回去也要多下功夫（记忆与模仿）。不久，李老师在自己的公开课上看到其他教师的点头肯定十分开心（动机）。

▶ 我们在日常生活、教学中可以这样做

① **提供优秀的模范**：选择合适的模范（如老师或同伴）给学生展示优秀的行为和结果，并解释其中的原理和方法。

② **引导注意和记忆**：吸引学生的注意力，让他们专注于观察模范的关键点和细节，并帮助他们记住模范的策略和技巧。

③ **鼓励模仿和实践**：让学生有机会模仿模范的行为和态度，并在实际情境中应用模范的知识和技能。

④ **增强动机和反馈**：给予学生正面的反馈和奖励，表扬他们的努力和进步，并激发他们对学习的兴趣和自信。

教师是学生的重要榜样，其言行将深深影响学生的行为和价值观。通过优秀的示范作用，教师可以引导学生形成良好的学习习惯和积极的人生观。

思考：

（1）在您的教学生涯中，有哪些难题可以用社会观察学习理论来解释？

（2）在未来，您打算用社会观察学习理论帮助自己或学生解决哪些问题？

无些子枝叶，有十分气量，端的丛林之榜样。

——《圆照和尚顶相奘翁请赞》 释可湘

榜样如灯光，能照亮前行的道路；榜样如春风，能扬起前行的船帆；榜样如罗盘，能指引前行的方向。在生活与教学中，我们能发现榜样，那是因为我们总是怀着一颗观察学习的心，并学以致用、教书育人。

试试从心理学的角度去理解，尝试用绘画或文字表达的形式以"榜样"为主题，在纸上创作，创作您记忆中关于"榜样"的故事。

在这里，留下您关于"榜样"的故事

聊聊令您最难忘的那些事　　说说对您影响最深刻的事

_____

_____

_____

_____

_____

_____

_____

_____

_____

_____

榜样是一面镜子，不仅能折射光芒，还能让我们学会看清自己。它看似平凡又简单，却能够燃烧人们心中的火，使我们成为学习者，也成为下一个榜样！

第5节课

成人而后达己

——教师是能够塑造灵魂的人

上节课活动中各位老师分享了自己榜样的故事，希望我们在生活中也能成为别人的榜样。榜样不仅可以影响、激励、鞭策他人，也能够帮助我们自己明确目标，不断努力。

本节课的主题定位于创生感的"承诺"维度。心理学家莫里亚蒂在赌马的赌徒身上发现了一个有趣的现象：一旦某个赌徒对自己选中的马下了赌注，他立刻就会对这匹马信心大增，并坚信这匹马一定是所有马中最好的。这可以用心理学中的认知失调理论来进行解释，即我们的行为总是在潜意识中趋向于与认知保持一致，当认知与行为不一致时，我们会感到很不舒服。为了消除不舒服的感觉，我们会遵循承诺一致性原理，让认知与行为保持一致。

承诺是一个非常强大的心理驱动力。在学校，教师可能会为了更好地完成教学任务而拼命备课，学生可能因和父母打赌要考出好成绩而努力学习。承诺不仅仅是对外的言语，更是一种内心的约束。当我们做出承诺，我们实际上为自己设置了一个目标，为了实现这个目标，我们会不断努力，调整自己的行为，以保持内心的和谐与平衡。

让我们在本节课中共同感受"承诺"的力量！因为承诺，我们增添了珍贵的信念；因为守信，我们获得了信任和尊重。接下来，让我们进行有关承诺的书写与表达。

例如本书中某位老师所言，我曾经对我的学生们承诺对他们保持开放，只要他们回来，我的大门永远为他们敞开；我对自己承诺过要直面教育教学中每一个困难，绝不放弃，无论教书育人有多不容易；在职业上，我承诺要在当教师这条路上一直走下去，想为中国的教育贡献一丝绵力。

思考：

（1）如果我的承诺真的被践行了，我的生活会怎么样？

（2）这个承诺对我的生活有什么样的意义、价值？

第 1 部分 活动流程

本节团体辅导课的主题为"成人而后达己",聚焦于创生感中"承诺"维度的"目标与决定"。

相信您已经了解,每节团体辅导课开始都会有热身活动,本次的小游戏为"正话反做"。这个游戏很考验思维与动作的反应能力,活动效果很好,会有教师小心翼翼,结果出了错,也会有教师应付自如,行云流水。过程中有"哈哈哈"的笑声,也有一边"哎呀哎呀"一边"捶胸顿足"的失败反馈。

趁着参与教师还在思考复盘自己的表现,带领者引出了一个主题,即摇摆不定的 A 项和 C 项。说的是心理学家莫里亚蒂在赌马的赌徒身上发现了一个有趣的现象:一旦某个赌徒对自己选中的马下了赌注,他立刻就会对这匹马信心大增,并坚信这匹马一定是所有马中最好的。

正在参与教师点头认可之际,带领者又分享了莫里亚蒂的海滩承诺实验。这个实验揭示了一个心理现象:当人们一旦做出某项承诺,他们的行为会不自觉地按照原先的承诺来进行。心理学中,我们称之为承诺一致性原理,分析其原因,言行一致的习惯符合社会发展的最佳利益,有利于我们维护良好的自我形象。

之后,带领者带领参与教师进行了承诺一致性在教育中的应用的讨论和总结:

1. 关系不好怎么办? 请他帮个忙试试。

2. 他人对你的"小承诺"如果实现了，那么他很有可能去实现对你更大的承诺，这就是心理学中著名的登门槛效应。

3. 对达成的承诺要及时给予反馈，及时反馈的效果不容小觑。

4. 适时且合理使用公共承诺和书面承诺，会达到更好的效果。

基于以上讨论，带领者指出教育中的承诺一致性原理的核心：需要学生自愿主动地进行承诺。

为了让参与教师更具体地感受承诺的力量，带领者为参与教师准备了一份成长协议。制定成长协议的步骤：（1）去思考可能会出现"危机"的预警信号（如想法、画面、处境、行为等）；（2）去思考内在应对策略——我在无须联系他人的情况下，可尝试的自我调节的方法（如放松练习、想象法等）；（3）去思考我可以做些什么，帮助我解决当下面临的问题；（4）去明确地列出可以帮助我的人或者环境。基于以上步骤，参与教师思考对自己来说最重要，值得为之成长的事情是什么。

在完成了成长协议之后，参与教师开始了讨论环节，思考在教学生涯中，有哪些难题可以用承诺一致性理论来解释。思考在未来，可以怎样运用它，尝试帮助自己或学生解决哪些问题。这些解决的问题依旧是越具体越好。本节课的活动中用到了A4纸，参与教师将纸折成三等份，在第一份中写下对自己学生的承诺，在第二份中写下对自己的承诺，在第三份中写下自己对职业的承诺。

之后进行小组内的分享：第一轮：在组内分享自己的三份承诺。第二轮：讨论如果自己的承诺实现了，自己的生活会怎么样，这对自己现在的生活会有什么样的意义和价值。第三轮：在听完大家的分享后，在组内自由地分享一下自己的感受。值得注意的是，任务开始前带领者提示每一位参与教师：听别人的分享时，请关注自己内心的感受，可能是一些情绪，例如感到惊讶、佩服……可能是一些启发，例如勾起了我们的某些回忆；可能是想对别人说的一句话，例如"你说得很真实让我很感动"。因为有了这个小提示，参与教师在过程中多了一份注意，多了一份表达，多了一些思考，也多了一些感悟。

参与教师在感动与思考中迎来了本次的写作任务。带领者请参与教师结合自己的教育经历，来谈一谈自己与"承诺"的故事，思考那些因承诺而产生或放大了的回忆，感受承诺的力量。

第 2 部分 教师写作

承诺是金

赫章县罗州镇松林小学
黄佑臣

　　黄金有价，承诺无价。承诺是高尚品格的写照，是诚信的象征，是人们幸福的源泉。

　　十年前的一个春季学期，开学时，我告诉我的儿子："如果你在期末考试中每一门功课都达到优秀，那这个暑假就带你去韭菜坪旅游。"儿子点了点头，从他的眼神可以看出他在暗暗下决心。期末检测结束了，儿子通过自己的努力达到了要求。儿子高兴地问我："爸爸，我们什么时候去韭菜坪旅游？"那几天事儿比较多，我随口应付道："咱们明年再去好吗？"此时，儿子的心像被锤子重重地敲了一下一样，颇为失望，良久才悻悻地说："诚实守信是你和妈妈教给我的吧！"妻子一怔："开学时就给孩子承诺过的，你忘了吗？"哦，是呀，我怎么给忘了呢！于是我和妻子就及时安排了带儿子去韭菜坪旅游的时间，完成了我当初的承诺。

　　十年过去了，儿子已经长大成人。现在他为人正直，答应别人的事一定做到，左邻右舍都比较称赞。我想，当初我是种下了诚信的种子吧！

教师是个特殊的职业。教师的言行举止有很强的示范作用。教师只有言出必行，言行一致，方能起到带头作用，不然，不但影响自身威信，对育人更是大为不利。

有一次，我在班上承诺，期末考试达到一定标准，就不需完成假期作业。发成绩单那天，我看全班整体成绩不算理想，就一刀切地安排了假期作业。当我话音刚落的时候，一个成绩达到标准又胆大的同学把小手举了起来："老师，不是说成绩达到标准就可以不做假期作业了吗？""这……我们班这次考试不十分理想，我们需要巩固巩固……""可是，我们几个已经达到标准了呀！"看着那几位垂头丧气又无辜的学生，我才发现我的失信对他们打击是多么大。最终，我实现了承诺，达到成绩标准的同学不用做假期作业。我看到几位学生的小脸由阴转晴，才慢慢放下心来。

后来我暗自庆幸，那次没有利用"权威"，要不然我就"失信于民"了。从那以后，我在老师和学生面前绝不轻易许诺。一旦承诺，就一定要做到。小到奖励学生的一块橡皮，大到老师课程的安排，只要承诺，一定兑现。因此老师和学生对我较为信服。这也许该感谢那两次"失信"的经历吧！

承诺如同宝剑，它是锋利的钢铁磨砺的结晶，宝剑出鞘，必有斩获。若空舞宝剑，只怕伤人伤己。承诺而无信，必失信于人，失信于人，则失人心，到头来，吃亏的是自己。

『诺言效应』

诺言效应是指当我们做出承诺时，我们更有可能实现它。这种效应可以激发我们的动力和自律性，从而提高我们的自信和决心。

两段故事都使用诺言效应，因为事先做出了承诺，即便出于一些原因不想兑现，但是因为作者已经许诺，最终还是选择了兑现。于他人或自己而言，适当的许诺，可以增加事件成功的可能性。

一次难忘的承诺

定西市临洮县太石镇后地湾小学

任生顺

正在上二年级的小女儿打来电话，兴奋地告诉我这次期中考试她考了全班第一名的好成绩。我听了也十分高兴，许诺她周五回家给她一份奖励，小女儿听了之后高兴地说了声"谢谢爸爸"，便挂了电话。

周五晚上我约了同学小聚，所以从学校赶到县城后连家也没有顾得上回，给家里人打了电话说明情况后便匆匆赶去聚会。当晚，我被同学灌醉。周六我昏昏沉沉地睡了一天，周日中午又返校了，早已忘了对小女儿的那个承诺。自己高大伟岸的父亲形象在小女儿心中轰然倒塌。

返校后两三天过去了，也不见小女儿打电话问候我，平时那可是一天一个电话，我心想这不是我小女儿的风格呀！后来，家里人抱怨我说："你给小女儿答应啥了？惹得她这一周不高兴？"我恍然大悟，赶紧打电话向小女儿道歉，并在我周五回家后第一时间兑现了对小女儿的承诺。我们父女俩又和好如初了。

这是不是心理学家莫里亚蒂的"承诺一致性理论"呢？但从这次关于承诺所发生的事情中，我懂得了承诺了的事情一定要做到。

『过失效应』

心理学中的过失效应指的是一种现象，即当一个人在他人面前犯小错误或表现出某种弱点时，这个人的吸引力和可信度反而会增加。

过失效应背后的心理机制是人们倾向于认为完美无缺的人是不可接近的，而那些偶尔犯错误的人则显得更加真实、可信和可爱。换言之，当一个人展现出一些不完美时，他们看起来更像普通人，这有助于建立与他人的联系和共鸣。过失效应通常在以下几种情况下发生。

1. 犯错的人本身具有吸引力：如果一个人在其他方面已经很有吸引力，犯个小错误可能会使他们看起来更接地气，更易于接近。

2. 错误是小的：过失效应通常适用于小错误或无害的失误，而不是严重的失误或道德上的过失。

3. 犯错的人对错误有适当的反应：如果一个人能够以幽默或真诚的方式承认并处理自己的错误，这将增加他们的吸引力。

这个效应在人际关系、社交互动以及领导力领域都有实际应用，可以帮助人们理解如何通过展示自己的不完美来建立更深层次的人际联系。

成人，而后达已

白银市景泰县芦阳镇一条山小学

王建业

作为一名教师，多年的教学经历中有很多关于承诺的故事，记忆犹新的是2000年我带毕业班的事情。

那一年我校六年级的英语教师被借调到了县城，本来学校就缺英语教师，她一走，毕业班的英语只能我来接替。同时带三、五、六年级英语课的我，辛苦不说，压力还特别大。压力大的原因不是学生多，而是毕业班的成绩差，我如何带好毕业班呢？根据我多年的教学经验：鼓励、表扬、惩罚都一一试过，效果还是令人不满意。由于是接替的班级，加之学生已经接近青春期了，逆反心理较强，在课堂上捣乱、说话的学生比较多，有时我真有种束手无策的感觉。

经过深思熟虑和教学反思，我决定给孩子们一些物质奖励，认真完成作业的，学习有进步的，考试成绩达到一定标准的同学都会得到不同的奖品。由于我的承诺一一兑现了，更多学生开始向我的承诺靠拢，慢慢地孩子们的学习态度有所好转，我的课堂也安静多了，我对达到标准的同学给予

135

及时反馈。我发现适时合理的公共承诺能起到举足轻重的作用，在教学中利用"承诺一致性理论"解决一些难题是非常有必要的，它可以帮助自己或学生解决许多问题。

在今后的教学中我承诺要永远爱孩子，把爱心奉献给孩子，把微笑传递给孩子，把理解送给孩子，努力做一名孩子们喜欢的好老师。

『强化』

强化是指通过某一事物增强某种行为的过程，又分为正强化（给予一个好刺激）、负强化（去掉一个坏刺激）、正惩罚（施加一个坏刺激）、负惩罚（去掉一个好刺激）。

强化物主要有三种：物质奖励、活动奖励、精神奖励。王老师给认真完成作业的、位学习有进步的、考试成绩达到一定标准的同学准备了不同的奖品，因此学生的学习态度发生了好转。这里应用的就是物质奖励的方式。物质奖励的强化作用是指奖励物质的给予对行为产生积极影响的现象，可以作为一种强化手段来激发和增强特定的行为。

物质奖励的强化作用可以促使学生获得即时的满足和回报，从而增加他们的动机和参与度。需要注意的是，物质奖励并非适用于所有情况。在一些情况下，过度依赖物质奖励可能会减少学生对学习的内在动机和长期兴趣。因此，在使用物质奖励时，需要在适当的时机下与其他奖励形式相结合，以平衡外在激励和内在动机的发展。

第 3 部分 知识分享
——承诺一致性模型

▶ 概念简介

在许多文化和社会中，人们如何在公众面前表达和维护自己的形象一直是一个深受关注的话题。有一个广受欢迎的社会心理学理论，叫作"承诺一致性模型"，它源于这样一个日常观察：人们总是想要在他人眼中看起来是一致、可靠和有信誉的。

想象一下，当你在朋友面前坚持某个观点，但是后来他拿出了可以反驳你观点的证据，你可能仍会坚持原本的立场，只是为了不被看作是一个善变的人，尤其是他当着你面反驳你的时候，你可能坚守立场的心更强了！20世纪50年代的心理学家注意到，人们为何偶尔会坚持那些明显不合逻辑的观点？心理学家发现，一旦我们公开表达了某种观点，我们就更可能采取行动去维护我们的观点。

罗伯特·西奥迪尼（Robert Cialdini）教授在他的经典书籍《影响力》中深入探讨了这个现象。他认为，这种采取行动维护自己观点的现象，背后的动力并不仅仅是为了在他人面前看起来好，更深层次的是为了维护自己的尊严！当我们说出了自己的观点和承诺，但是我们出于各种原因没有做到时，我们会感到心理上的不适，而这就是"承诺一致性模型"的基本原理。

现在，我们来了解一下"承诺一致性模型"的核心部分。

1. 承诺一致性的核心概念

"承诺一致性模型"的核心概念是，每个人都有保持自己"言行一致"形象的强烈愿望，这种强烈愿望关乎我们如何在他人眼中建立和维护信誉，也关乎如何维护自己的尊严。

2. 关于公开的承诺与行为一致性

当人们在很多人面前做出某种承诺时，他们为了履行承诺的可能性更大。这是因为公开的承诺增加了个体的压力——你都在这么多人面前承诺了，你好意思不做吗?

3. 关于内部的一致性与自我认同

内部一致性是指人们说出的话、做过的事情只有和自己心里想的一样，人们才觉得舒服，反之，违心的话和违心的事情会让人们感到难受，并且影响对自己的认同感。也就是说，不是所有类型的承诺都有同样的力量。如果你是真心实意的，而不是被迫地做出某个承诺，那么你更有可能按照这个承诺来行事。反之，则不然。

▶ 应用场景

目标设定与分享：为什么公开说出目标更容易实现？

你是否有过这样的经验，当你向朋友、家人或同事分享了某个目标，比如"我打算这个月减肥3公斤"或"我想在学期末考试中得到A"，你通常会更有动力去实现它。毕竟这"海口"都夸下了，不为之努力是会让人看笑话的。也就是说，当我们公开设定并分享自己的目标时，由于不想在他人面前失去信誉或"丢脸"，我们的内心自然地会产生一种力量，去鞭策我们去实现这些目标。在学校里也同样如此，我们教师可以鼓励学生在新学期初或课程开始时，分享他们的学习目标或期望。这种公开的分享不仅可以激发学生的学习动力，还能帮助他们建立信心和责任感。

学习合同：与学生签订的"协议"

这听起来是一个相对新颖的教育工具，请各位教师想象一下，你和你的学生一起，像签订正式合同那样，明确你的学生在这学期或这个项目中要完成的任务、他的责任和预期的结果。听起来很正式吧？

但其实，这正是学习合同的魔力所在。当学生参与制订合同，并愿意签字时，他们其实是在为自己的学习目标和任务做出正式承诺。这份"协议"不仅让学生更加明确自己的任务和责任，还会提高他们对学习的投入和参与度。在遇到困难时，学生会回想起自己的承诺，从而更有动力去攻克难关，不过在这个过程中，还需要教师助推一把。在随后的实践建议里会提到，各位教师可以继续阅读了解。

课堂行为规范：塑造和谐、高效的学习环境

当我们谈到课堂，我们可能会想到教授知识、技能，或者跟学生互动，但有一点同样关键却经常被忽视——课堂行为规范。正如一个社会需要法律和规章来维持秩序，一个课堂也需要明确的行为规范来确保每位学生都能在一个有序、尊重和支持的环境中学习。

课堂行为规范不仅仅是一套规矩或禁令，它实际上还是一种明确的期望。当学生明白老师和同伴对他们的期望是什么，他们更容易调整自己的行为，符合这些期望。

▶ 我们在日常生活、教学中可以这样做

① **与学生共同参与制定承诺**：与学生一起讨论和确定课堂规范，当学生参与到规范的制定过程中，他们更可能认同并遵循这些规范。

② **明确、积极的承诺内容**：确保规范是清晰、简洁且容易理解的，避免过多复杂的条款，并且尝试从积极的角度来制定规范，如"请积极参与课堂讨论"而不是"不许在课堂上闲聊"。

③ **公开的承诺**：鼓励学生在班级面前公开地承诺他们的学习目标。这种公开性不仅增强了承诺的力量，还能促进同学之间的相互支持。

④ **记录与追踪**：建议教师为学生提供一个系统或工具，让学生可以记录并追踪他们的承诺和进度。这样，学生可以时刻提醒自己不断努力以实现他们的承诺。

⑤ **及时反馈**：随着时间的推移，学生的需求和课堂的环境可能会发生变化。教师可以定期为学生提供反馈，让他们知道自己是否正朝着承诺的方向努力。当学生看到自己的进步时，他们的动力和信心都会得到增强。

⑥ **奖励机制**：制定规范只是第一步。关键在于如何执行和鼓励学生遵循。提供积极的反馈，奖励那些遵循规范的学生，并及时纠正不恰当的行为，都是确保规范有效性的策略。

"承诺一致性模型"对于学生和教师都是有益的，不过，这并不是一种取巧的方法或技巧，而是希望通过这个理论让教师更好地理解学生，帮助他们发掘自己的潜能。当你走进课堂，不仅仅是知识和技能的传授，更应该是看见了学生的热情、责任心。学生的每一个承诺，都代表着他们对未来的期望和梦想，而你正是帮助他们实现梦想的指引者。

思考：

（1）在您的教学生涯中，有哪些难题可以用"承诺一致性模型"解释？

（2）在未来，您可以利用"承诺一致性模型"，尝试帮助自己或学生解决哪些问题？

南门三丈木杆孤立，因守诺而徙木立信；
烽火狼烟戏诸诸侯，因失信而自取灭亡。

　　是否也曾搞不定那些调皮捣蛋们？是否也曾真切诚恳地答应了某件事而没有实现？是否还记得那些曾许下过的诺言？或许有时我们不明白为什么突然的反常，那可能是你们的"承诺"没有被遵守或者被遵守了。请试着从心理学的角度去理解，用绘画或文字表述的形式以"我对XX的承诺"为主题，在纸上创作，创作您记忆中的关于"承诺"的故事。

—— 在这里，留下您关于"承诺"的故事 ——

聊聊令您最难忘的那些事　　　　说说对您影响最深刻的事

_____

_____

_____

_____

_____

_____

_____

_____

　　承诺是一种约定，约束着每一个人，需要付出一定的努力才能践行。一旦没能遵守承诺，就会如同"烽火戏诸侯"般难堪，所以做一名"说话算话"的教师并不容易！

第6节课

自勤而后自成

——纸上得来终觉浅，绝知此事要躬行

人生来是为行动的，就像火焰总是升腾，雨滴总是下落。对人来说，一无行动，也就等于他并不存在。——伏尔泰

回顾前5节课，我们从激发动机，察觉想法，形成计划，落实行动的全过程赋能教师。身体力行永远胜过高谈阔论，只有行动才能导向成功。今天，让我们进入最后一节课，一起探究创生感"行动"维度的价值和意义。

思考：

（1）您是否正持之以恒地做着某件事？

（2）请回忆您在教学生涯中经历过的一件事，这件事让您觉得很有意义，主动行动且坚持了一段时间。

（3）在行动之前您会先做计划吗？

第 1 部分 活动流程

第 6 节团体辅导活动课的主题为"自勤而后自成",聚焦于创生感中"行动"这一维度的"创造、维持、奉献"。

最后一节课了,有些参与教师很早便进入会议室并且主动打开摄像头,经过一段时间的接触与了解,参与教师早已一扫先前的拘谨,主动打起招呼,以更自然放松的状态参与团体辅导活动。这种积极的氛围、良好的信任和互动,不但能加深成员之间的联系和了解,也能促进思想交流和知识分享。

首先,带领者向参与教师介绍了此次活动的内容和流程,并将"真诚分享、保密与投入"的原则贯彻到底。此次热身活动为"心情预报",给自己的心情打个分,并以身边一个小物品的口吻描述自己的评分。这样的小游戏不仅可以帮助参与教师关注和体验自己的情绪,也可以在日常教学中应用,可以创设积极、主动的课堂氛围,调动学生的想象力和创造力,让学生在分享过程中理解和体验别人的情绪,从而培养他们培养积极、健康的情绪情感。

随后,进入本节知识分享环节,这次介绍的是"计划行为理论"。带领者分别从态度、主观规范和知觉行为控制三个因素分析人们的行为动机及采取行动的可行性。之后,参与教师结合所学理论在纸上画出自己的"目标金字塔",并梳理出在制定目标时,所拥有的资源、面临的阻碍,思考哪些阻碍是可以接受的，哪些是可面对的，哪些是可改变的？我目前可以做什么，我以往有没有过类似的经历。"目标金字塔"作为目标层次结构的工具，不但能使目标更具体化，还能提高效率，帮助个体合理地安排任务和时间，减少工作繁琐、无效的过程，并以最短的时间实现对于高层次目标的贡献。参与教师首先在小组中分享自己的目标，随后在大组中踊跃发言，交流感受。参与教师的目标大都与教育相关，他们大多希望通过明确的教学目标，合理安排课程内容和课堂时间，从而让学生更好地掌握知识和技能。他们已经把这份事业融入生活，融进血液，看似是每个人的小目标，实则是教育的共同目标。

在活动接近尾声时，我们迎来本节课的最后一个环节"礼物大派送"。6周的坚持和陪伴实属不易，所以在这个环节带领者邀请每位成员都给自己的组员送出一份小礼物，并简单说说为什么送出这份礼物。这份礼物可以是一句话、一个词，可以是想象的，也可以是真实存在的。参与教师所送出的礼物既真诚又温暖。例如，一支可以让更多人听到你声音的麦克风、一颗保护嗓子的润喉糖、一本记录心情的笔记本……这些不仅是一份礼物，更是一份关爱和祝福，也是团体情感的积蓄。

本节团体辅导活动课中，"创造、维持、奉献"的行动是我们关注的焦点，希望在本节活动课结束后，参与教师能不断地探索新的想法，维护现有的资源、关系和成果，让它们能够持续发挥功效，将自己的能力奉献给他人和社会。最后是让参与教师在安静、独立、平稳的环境中完成最后一次主题写作，可以结合自身的教育经历，从目标金字塔的练习中任选一点，详细地谈一谈自己与"行动"的故事，也可以描述教学生涯中经历过的一件事，这件事很有意义，并让您主动行动，且坚持了一段时间。

第 2 部分 教师写作

行动及感悟

赫章县罗州镇松林小学

黄佑臣

人生旅途中，摆在自己前面的大路小路纵横交错，犹如一张理不清的网，关键是看你怎样选择、怎样行动。生活中无论做什么事，只要敢想，你就成功了一半，另一半就是去做。成功有时需要的仅仅是勇敢的行动，想好了立即行动，现在就行动，只有不断行动才会成功。

我自1989年9月起在一所村级小学代课。那时候村小的条件极差，代课教师报酬更是寒碜，稍微有点文化的都不屑于到村小代课："与其代课，连养活自己都成问题，不如放几只羊！"接触过外面世界的说："还不如到外面去打工，一个月比代课一年收入还多！"也许是因为"没有上进心"吧！也许因为热爱这个职业吧！也许是被那一双双渴望求知的眼睛触动吧！当初选择了，就没有想到放弃，一走上讲台，足足代课了13年。其间遭到的冷眼，感到的辛酸，真是一言难尽！山重水复疑无路，柳暗花明又一村。经受住磨砺，终于迎来了转机。2002年，农村教师缺编大，国家出台政策，把边远山区的代课教师，纳入普通师范学校招生范畴，也就是说，代课教师可以参加由地区组织的初中升学考试，按名额选拔到师范学校深造，再分配到缺编的边远山村学校任教。于是我就找来初中语文、政治、数学、物理、化学、英语等课本复习。功夫不负有心人，经过三个多月的挑灯夜读，以优异成绩考入毕节师范学校研修深造。深造期间我苦学不倦，以优秀的成绩毕业，毕业后被组织分配到现在的松林小学任教，一教就是34个春秋。

三十多年来坚守一所学校，兢兢业业，任劳任怨。一年年看着学生们像逐渐长满翅膀的小鸟飞出大山，频频感念坚守的意义何等之大。付出总有回报，每当节日接到学生们打来的一通通电话，发来的一条条温馨的祝贺与问候时，我深感欣慰！每当受到家长的好评、学生的爱戴、老师们的尊敬及上级领导的认可时，除了感谢党的政策，还得感谢自己的选择与坚守。

咬定青山不放松，立根原在破岩中。如果当初半途而废，如果不参加考试，如果没有从思想上坚定信念、从行动上挥洒汗水，哪有今天呢？三十多年前，我虽然付出了艰辛和汗水，但是我似乎在行走过程中有了某种收获，因为我找到了"路"——"教坛之路"！有行动就有机会，坐着不动，只是空想，永远不会有机会。成功不在于你想了多少，而在于你做了多少。想要成功就要在最短的时间里采取大量的行动。

纸上得来终觉浅，绝知此事要躬行。是啊！理论、思考、实践，三者缺一不可。没有思考地前行，无疑是愚蠢的行为；而没有行动的思考，更加不可理喻。

如今，我虽年过半百。作为山村学校的守护者，作为山区学生前行的指引人，我将竭老骥之力，做能及之事。严格要求自己，以身作则，用爱诠释一名党员教师的初心，践行一名乡村教师的天职，为社会培养更多的人才。

「飞轮效应」

飞轮效应指做一件事一开始很难，可一旦我们挺过这个难关后，只需付出很小的努力，甚至不费吹灰之力就能得到很大的收获。源自物理实验：为了使静止的飞轮转动起来，一开始需要花很大的力气反复地推轮子，当达到一定的速度时，就不需要太大的力气，即使力量没有增加，轮子也会转得飞快。教育之路满是难关，之于学生、之于教师都需要持续的努力，从而奔向更远的未来。

日积跬步，以行千里

天津市宁河区东棘坨镇高景小学
张玉双

立flag容易，打脸更容易。想要达成flag，必须日积跬步，化整为零。

世上无难事，只要肯攀登。对我影响最深的莫过于考取教师编制。一边代课，一边学习教招内容，考编可能比高考还要难得多。但是定了必须考上的目标，一切都为它让路，为了考编，不玩手机，刷题库；为了考编，两地分居；为了考编，放弃高薪私企；等等。当然那时候也没有家庭琐事、职业困扰等牵扯精力，孤身一人，更容易孤注一掷、全神贯注。正是孤注一掷，才能成功上岸。至今感谢当初涅槃重生的自己，让现在的自己如此幸福。

人生的车轮滚滚向前，旧目标已然达成，必然会出现新目标。

2022年语文新课标颁布，暑假我就立好flag，一定学习语文新课标。为了防止自己不学，床头放一份，单位放一份。当然，这个话题能被我提出来，必然是自己又打脸了。本次培训，2023学习新课标再次提上日程，我一定要攻克它。

我一直有一个大目标，时刻铭记教师是专业人士，一定要提升自己的业务能力。于是，2022年新课标一出来，我就立了小目标，研读新课标。

为此，我还买了两本专门辅助学习新课标的材料。想法很美好，实施起来真的是困难重重。最大的内在阻碍就是惰性心理，难就不愿意动，就想放纵自己。其次，经常被其他书吸引。外在阻碍一是单位与教学无关的工作严重影响了我，周末包括平时的晚上加班写报表是常态，与教学无关的工作严重压榨了我的个人时间。二是家庭方面需要我独当一面，老公常年出差，孩子小，婆婆身体不好也需要照顾。以上种种原因导致这个flag一直被搁置。外在阻碍一直存在，只能坦然接受，唯一能改变的还是自己动起来。不是完不成，就是缺乏监督。上学期在教研员的督促下也挤时间啃了一本大部头专著。所以我决定，日积跬步，以行千里。首先我必须打开新课标，并且，一天必须读1页新课标。成功的关键在于，笨鸟先飞，动起来。

所以这次我一定要应用SMART原则，完成我这跨年flag。

『安泰效应』

安泰是古希腊神话中的大力神，他力大无穷，无往不胜。他只要靠在大地上，就能从大地母亲那里汲取无穷的力量。他的对手发现了这个秘密，便诱使他离开地面，在空中杀死了他。因此，要学会依靠可以给予自己力量的事物，包括他人与集体。

这位老师阐述了很多工作与生活中的困难，自己承担了很多工作和生活的责任，或许可以尝试多与相关人物沟通，得到一些帮助，从而更好地完成自己的目标。

梦　想

天津市宁河区潘庄镇西塘坨小学
彭　斌

　　我喜欢读书，每每被名家名篇的精彩内容所感动时，会泪流满面，也会拍案叫绝，进而也做起了作家梦，想把自己经历的事情也写出来。但这一直是个梦想，因为写作太困难了，往往不知从何下笔，提起笔来思虑再三，也不知道写些什么。然后就去再读书，可是，对于有些难度的书籍，自己还真读不下去，最愿意读一些故事性的或小说类的书，这好像是把时间都用在了消遣的方向，心里也是非常烦恼。

　　作家梦离自己是越来越远，转眼自己已经是50多岁的年龄了，连一篇像样的文章都写不出来，如何成为一个作家？哈哈，简直是白日做梦了，但是一看书，每每看到精彩的地方，自己就真的替作者高兴，他太能写了，真能把事情写得如此详细、精彩。还有就是当遇到了很触动人心的经历的时候，那是真想把事情的经过完整地写出来，把自己的感受抒发出来，让大伙都知道这件事情的原委。这又很容易把自己的作家梦勾引出来，我为什么不能写呢？还是心有不甘呀！

也许是现在的生活已经很让人知足了，没有那么多的压力，让人失去了动力，没有了志气，也没有什么功名心，所以想成"材"也不容易了。自己又没有别的爱好，只是想看书，那么就每天记一些日记，虽然写不好，但是能写出自己的真情、真实的感受不也可以吗？当然，即使是写日记也面临着很多阻碍，比如习惯，自己对时间抓得不太紧，办事拖拖拉拉，年龄也大了，头脑也僵硬了，读书是要吃苦的，这个苦自己能承受得住吗？而且现在各种事情缠身，不是干这事就是干那事，如何能够抽出更多的时间去读书？想法是好的，想多读书是好事，可以丰富自己的学识，陶冶自己的情操，但行动却告诉我自己并没有做到。想一想，这还是一个毅力的问题。虽然自己有这方面的兴趣爱好，但是没有毅力、没有坚持，这件事情肯定是做不成的。这对自己是个挑战。

如果每天利用零星时间读书，10分钟也读一读，20分钟也读一读，每天做不到去写文章，那么写一写日记，哪怕每天写几笔也好。强迫自己去多参加一些讲座、培训，比如这次的心理学团体辅导，就对自己非常有意义，跟大伙儿说一说自己的心里话，认真地倾听大伙儿的表达，真的心里疏解了很多。看到参与教师这么优秀，我更加深了自己的目标，对，我就是要坚持读书，练习写作。

『自我参照效应』

自我参照效应表明，人们更容易记住与自己相关的信息。这是因为个体在加工与自身相关的信息时，会不由自主地投入更多的注意力和认知资源，进而显著提升记忆效果。这类与自我相关的信息，由于和个体已有的知识与经验紧密相连，促使人们进行更深层次的思考与编码，形成更为复杂的联结，所以更容易被记住。此外，与自我相关的信息往往伴随着更强烈的情感体验，一旦信息能够激发与个体自身相关的情感反应，便会在记忆中留下更为深刻的印象。

彭老师在个人成长提升的道路上，就很好地利用了自我参照效应。他"强迫"自己积极参加各类讲座、培训以及心理学团体辅导。在这些活动中，彭老师主动和大家分享自己的心里话，同时认真倾听大家对自己事情的观点、态度以及讨论表达。通过这样的方式，彭老师不断加深自己坚持读书和练习写作的目标。在团体辅导里，由于大家分享的都是自己生活和工作中的真实事情与感悟，与自身紧密相关，彭老师由此表现出极高的参与度。这正是自我参照效应的生动体现，当所接触的信息与自身息息相关时，个体就会更主动地投入其中，在学习和成长方面收获更多。

承诺后的收获

毕节市赫章县兴发乡光彩小学

黄　转

承诺是什么？其实承诺是一种责任，是一种敢于负责的表现。

刚听到消息，说毕业班今年要分班，其中的一个班，领导要安排我任班主任，还未接手，就听到传闻毕业班的种种不好现象。其中王小红（化名）同学的表现显得格外突出，比如不学习，逃课、早恋等一切不良行为都在他身上演绎得淋漓尽致。还听说他的家长有时也霸蛮不讲理。面对这样的教育对象，还未上任就头疼脑胀。当我怀着诚惶诚恐的心情走进六年级一班的教室，面对着教室里那一张张可爱的面孔时，我更急切地搜寻那张让我未见其面就闻其名的面孔。之前听他人描述说，是一个胖乎乎的男孩，圆圆的脸，大大的耳朵，短而黑的眉毛下镶嵌着一对机灵的大眼睛，容易给人造成一定的假象。但在看到这个学生的一刹那，我不敢相信外界的那些传言，更不相信他是一个问题学生。

于是我暗自承诺，不管他以前是什么样子，我只相信自己的判断。六年级是小学阶段最重要的一年，在这最关键的时刻，我们能相遇在一起，说明我俩有这个缘分，我会倍加珍惜。

现在的他，是我的学生，是我们这个集体中的一员，因此我要走近他、了解他，我要尽我所能让他步入正轨，跟上同学们的脚步，不让他掉队。于是我先从他的座位入手，论品行他应该坐在教室最后一排，但是那样离我的视线太远，课堂上不好关注他，于是我帮他给同学们说情，得到同学们的许可后，我把他调到离黑板近一点的位置。这样在讲课时，我可以随时关注他的一举一动，若发现他走神了，我就用眼神示意他要专心听讲，若表现好时，我会给他一个会心的微笑。

平时，我会多创造一些机会与他交心谈心，让他对我放下芥蒂。学习上我也会多抽时间辅导他，给他留一些有针对性的作业，并及时给他批注。随着时间的推移，我发现他脸上的笑容多了，跟我的交流也越来越自如，课上听讲的状态也越来越好，还能主动回答一些问题。虽然他写字还是歪歪扭扭的，但是他让我看到了他的努力，我相信凡事只怕认真。

一个学期过后，别人说他脱胎换骨，之前的种种不良行为在他身上早已不见踪影，他的学习成绩也有明显的提高，他的进步和改变是看得见的。尤其是他的父母握住我的手说"感谢"的时候，他在一旁默默地流泪，并告知他的父母，自己今天的改变全是老师的功劳，并保证今后会努力学习，争取考上理想的中学。那一刻，我觉得自己是幸福的、是值得的。

"亲其师而信其道"，教师与学生的关系就是这样，只有让学生亲近你信任你，他才会听你的话。学生喜欢你，就意味着你的教育已成功了一半。

每一位学生都是一朵小花，每一朵花都有盛开的时候，每一个生命都有灿烂的时候。我们应该以一颗包容宽大的胸怀接纳我们的学生，用爱心浇灌他们，用耐心去等待花开的一刻。

『情绪感染效应』

情绪具有显著的传染性，积极的情感与温暖亲和的态度，如同温暖的涟漪，能够悄然扩散并影响他人的情绪状态。当劝导者展现出温暖与关怀时，恰似为被劝导者打开了一扇通往积极情绪的大门。被劝导者在这种氛围的感染下，情绪状态会逐渐变得更加积极乐观，心理防线也会随之悄然放下，从而更愿意敞开心扉，接纳外界传递的信息。

积极的情绪状态还具有提升认知开放性的奇妙功效。处于积极情绪中的个体，思维会变得更加活跃、灵活，对不同观点和理念的接受度更高，也更容易被他人合理的观点所说服。这是因为积极情绪能够拓宽个体的认知视野，使其以更包容、开放的心态去审视周围的世界。

在教育教学实践中，黄老师就深谙此道。在日常教学过程中，黄老师会根据学生的实际情况，精心为学生调整座位，确保每位学生都能拥有良好的学习环境。同时，黄老师时刻保持着高度的专注，密切关注学生上课时的每一个细微表现。课堂上，黄老师总是用温柔如水的眼神，饱含鼓励与肯定，以及充满理解的会心微笑，给予学生积极的反馈。这些看似微小却饱含深情的举动，如同春日暖阳，渐渐融化了学生内心的防备与芥蒂，让学生真切感受到老师的关爱与重视。随着时间的推移，学生对黄老师的信任与日俱增，师生之间的关系也变得愈发亲密无间。

这一现象与南风效应，即温暖法则不谋而合。在人际交往的广阔舞台上，温和友善的沟通方式，就像冬日里的一杯热茶，能让人从心底感受到舒适与惬意。它强调在人际交往中，我们要高度重视对他人的尊重与关心，注重沟通的方式方法，以温和友善的态度与他人相处。

例如，当教师期望学生配合完成某项任务时，如果采用生硬的命令口吻，学生可能会产生抵触情绪，不一定愿意积极响应。但倘若教师能够转换表达方式，运用鼓励、夸奖等积极的话语，给予学生充分的肯定与认可，学生往往会欣然答应，并积极配合执行。值得注意的是，这一法则并非仅适用于师生之间，在与家人、陌生人相处时，同样具有显著的效果。无论是家庭中的亲子关系，还是社会交往中的陌生人之间，温和友善的沟通方式都能够拉近彼此的距离，营造和谐融洽的氛围。

第 3 部分 知识分享
——计划行为理论与目标金字塔

▶ 概念简介

大家一定有过这样的经历：心里很想做某件事情，但总是迟迟没有行动。或者制订了一大堆计划，但过了一段时间就发现并没有实现多少。如果你对此感到困惑，不妨我们一起来探索两个神奇的理论，它们将帮助我们理解行为背后的动力，以及指导我们如何设定可实现的目标。

为什么我们会采取某种行为？——计划行为理论

想象一下，你决定开始每天跑步。为什么你会有这样的决定？社会心理学家艾斯克·阿杰恩（Icek Ajzen）提出了一个理论来解释这个问题——计划行为理论。这一理论认为一个人的行为主要由行为意愿决定，而行为意愿又受到态度、主观规范和感知行为控制三个因素的影响，这样说不好理解，我们拆开来看。

态度：你可能认为跑步对身体有好处，如，可以减肥、有利健康等。这种对行为"好与坏"的评价，就是你的态度。如果你认为跑步对你有利，那么你对跑步的态度就是积极的。

主观规范：假如你身边的朋友开始跑步，或者你看到很多人分享他们跑步的经验，这些都可能会影响到你。这种外界给你的期望（你快点也来跑步呀！）

或"压力"（你怎么不和我们一起跑？）就是主观规范。

感知行为控制：你会不会考虑自己是否有能力跑步？或者担心跑步会受伤？这种对是否能完成跑完这个决定的信心，就是感知行为控制。

这三个因素一起影响你"是否真的决定去跑步"。当你认为跑步有好处、身边的人都这么做，并且你相信自己可以的时候，你才有可能真的去跑步。

如何设定并实现目标？——目标金字塔模型

假设你决定了开始跑步，那么你会如何开始？直接冲出去吗？如果是我，我可能先会考虑以下几点，而这几点就是目标金字塔的结构层次。

资源考虑：我需要什么才能跑步？运动鞋、合适的路线、还是一个跑步的应用程序？

可能的困难：我可能会考虑会碰到哪些障碍？例如，天气不好、工作忙或身体不适。

过去的经验：想想过去有没有试过跑步？那时的经验可以给你带来什么启示？

SMART原则：设定一个清晰、简单又有标准的目标。例如："我要每周跑3次，每次5千米。"

梳理一下，有没有发现对于制订一个计划这件事情更有条理了？

而对于跑步，我们再熟悉不过了，那么这两个理论可不可以用在教学中呢？比如想提高班级里某个孩子的学习成绩，我们该怎么做呢？

▶ 应用场景: 提高班级学生学习成绩

根据计划行为理论和目标金字塔模型, 既然我们把目标定在了提高学生的学习成绩上, 那么我们是不是应该了解一下, 学生的基本情况, 然后再帮助他们制订学习计划呢? 我们在这里提供了一些步骤, 供参考。

1. 了解学生的学习态度

首先, 尝试了解学生对学习的态度。他们是否积极看待学习? 是否认为学习对他们来说太难了? 是否认为学习能够为他们的未来带来好处?

实施方法: 可以通过一对一的交谈、问卷调查或小组讨论的形式, 了解学生的学习态度。

2. 识别是哪些因素影响了学生的学习态度

探索学生的社会环境中哪些因素影响了他们的学习态度和行为? 是家长、朋友还是同学? 这些人是鼓励学生学习, 还是有其他看法?

实施方法: 通过访谈或简短的调查问卷, 了解学生身边的人对其学习的看法和期望。

3. 评估学生的行为控制感知

这一步是为了了解学生是否认为他们能够控制自己的学习行为。他们是否认为自己有能力提高成绩? 或者, 他们是否觉得很多外部因素 (如家庭问题、课外活动等) 阻碍了他们的学习?

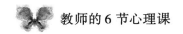

实施方法：可以设置一系列问题，询问学生对于不同学习任务的自信度，或者询问他们在学习过程中遇到的具体障碍。

4. 为他们制订行为计划

基于以上了解，与他们共同制订一个行为计划。在这里可以应用目标金字塔模型，为学生制定短期、中期、长期目标。长期目标可以是一年或者一个学期的目标，这个目标是他们真正渴望并且愿意为之付出努力的；中期目标作为连接长期和短期目标的桥梁。例如，如果学生的长期目标是提高英语成绩以便出国留学，那么中期目标可能是完成某个英语水平测试或者达到某种标准的阅读量；短期目标更为具体，通常在几周内完成。例如，基于前文的中期目标，短期目标之一可能是每天阅读英语文章30分钟或每周完成一个英语听力练习。

5. 提供持续的支持和反馈

为学生提供持续的反馈，并帮助他们调整目标以适应他们的学习进度和需求。如果学生在某个短期目标上遇到困难，可以重新评估，并进行策略调整，或者为学生提供额外的支持。

实施方法：定期（如每周或每两周）与学生进行检查，了解他们的学习进度，并提供必要的反馈。

6. 庆祝小胜利

每当学生达到一个短期或中期目标时，确保给予他们正面的反馈和认可。这不仅可以激励学生继续前进，还可以帮助他们建立自信。

实施方法：为学生提供小奖励，如在达到目标后给予额外的休息时间、小零食或他们喜欢的奖励。

▶ 我们在日常生活、教学中可以这样做

① **利用目标金字塔分解目标**：这样可以让你的目标更具体，也更容易操作和跟踪(详见图6-1)。

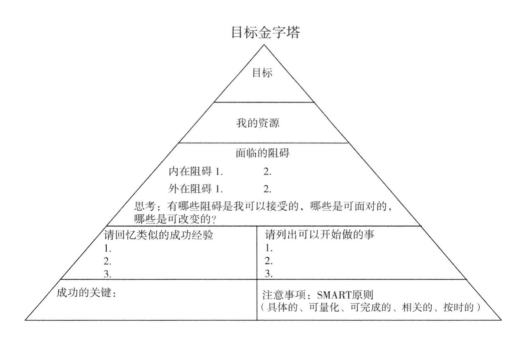

图 6-1 目标金字塔分解目标

② **调整自己的态度和信念**：保持积极的态度，相信自己的行动可以带来改变。

③ **制订行动计划**：根据目标和分解的步骤，制订具体的行动计划。

④ **规划资源和应对困难**：考虑需要的资源，预测可能出现的困难，并提前做好应对策略。

⑤ **不断调整和反馈**：在实施过程中，根据情况调整计划，并及时给学生提供反馈，鼓励他们的进步。

教师的行动，是学生前行的灯塔，是学生在学习之旅中勇敢前行的力量。通过对计划行为理论与目标金字塔模型的运用，教师可以更有效地设定和实现目标，提高教学质量，实现自我提升的价值。

思考：

（1）请结合您的教育经历，从目标金字塔分解目标的练习中引发了哪些共鸣？

（2）在未来，您可以利用"目标金字塔模型"尝试解决哪些问题？

行是知之始，知是行之成。

只有采取行动，方能知晓其中价值。

高尔基这样说过，在生活中，没有任何东西比人的行动更重要、更珍奇了。教师、学生，无论哪一种角色，都会随时随刻产生一些想法，也可能会害怕遇到一些麻烦障碍。验证想法的唯一办法就是采取行动，实践是检验真理的唯一标准。无论有什么样的想法，请把它转化为目标，不必在乎其中的困难，只管行动就是！试着从心理学的角度去理解，您可以用绘画或文字表达的形式，以"目标与障碍"为主题，在纸上创作，创作您记忆中关于"行动"的故事。

在这里，留下您关于"行动"的故事

聊聊令您最难忘的那些事　　　说说对您影响最深刻的事

行动是一种勇气，敢做才有可能实现目标。或许行动的路上会有一些困难磨砺着我们，但是通过行动成为自己与学生的表率，将会激发无限的可能！

后 记

我们都听说过"蝴蝶效应",它讲的是蝴蝶扇动翅膀可以引起一系列微小的气流变化,最终导致天气的极大改变。一个微小的举动可能会引发巨大的连锁反应,也就是说一件小事可能会引发不确定的大事,也借此说明世间万物都有关联,不要轻易忽视任何一个举动。

其实在生活中也有"幸福的蝴蝶效应",它是说当一个人感到幸福时,他会传递积极的情绪和能量给周围的人。这些正面的情绪和行为可以激励、启发和帮助他人,进而改善这些人的生活质量和提升他们的幸福感。而这些被影响的人又可以将这些积极的影响传递给其他人,从而形成一个持续的幸福循环。

在这里我们要讲的"幸福的蝴蝶效应"是"**教师的心理健康培育体系的蝴蝶**

教师的心理健康培育体系

幸福的蝴蝶效应

模型"，它依托于北京师范大学心理学部多位专家的指导和投入，结合当下我国教师队伍建设过程中所面临的问题，经过了科学研究和实证探索，由此构建了此模型，**重点在于关注教师心理健康问题**，以教师心理健康能力培育、心理健康教育资源开发为抓手，提升教师心理健康，从而促进青少年健康成长。培育体系在政策倡导、社会慈善机构参与和企业力量的支持下，依托北京师范大学心理学部的专业力量，建立相应的筛查与心理干预机制，以心理团体辅导与生活故事叙事法或阅读疗法为技术手段，以阅读和写作两种形式使教师既有从外到内的吸收，又有从内向外的表达，引导教师关注自身心理健康，懂得调节自我情绪，学会释放压力，发现自我价值，提升心理能量。"教师的心理健康培育体系的蝴蝶模型"旨在通过提升教师的认知学习和社会情感学习，打通从"认知能力"提升到"非认知能力"培育的渠道，形成各部分联通互动，多方面为教师赋能，促进教师与学生身心健康成长，使幸福的蝴蝶振翅而飞。

基于"幸福的蝴蝶效应"，我们期望以阅读和写作的方式提升教师群体的认知与非认知能力。本书重点关注操作层面中的输出部分，即通过写作的形式帮助教师提升认知层面的主动学习能力和非认知层面的社会情感能力。其中认知学习能力的部分包括通过对学习心理学的经典理论和案例的学习提升自身的思考能力、问题解决能力；社会情感能力的部分则侧重于对于自我的关注与觉察，通过肯定自我价值，提升自我效能，制订自我计划等方式提升自我幸福感和工作投入度。

本书致力于为教师带来有价值的内容和见解，帮助教师理解和应对各种教学场景中的难题和挑战，提高自己的教学水平和能力。我们也非常期待教师读者能够与我们分享自己的故事，抒发自己的情感和感悟。每个人都有自己的故事和体验，而这些故事和体验不仅能够激励我们每个人不断进步和成长，也能够给予其他教育工作者启示和参考，促进整体教育的进步和发展。

总而言之，我们希望与每位教师读者共同进步，互相学习，分享经验，助力更多学生成长成才。离别是故事的结束，也是新旅程的开始，我们的故事未完待续……

附　录

团队方案模板

带领者		时间		次数	

活动 总目标	（例） 1. 增强教师自我效能感。 2. 促进教师的情绪与情感表达。 3. 提高教师的工作热情与生活幸福感。
依据 理论	（例） 创生感相关理论
团体 性质	（例） 发展性、辅导性、封闭性

活动主题框架

（例）

安排	活动主期	维度	活动分享内容 以团辅形式进行繁衍感的生活故事讨论 时长为 1~1.5 小时	写作主题 每周参与教师需要自行安排时间进行生活叙事主题写作
第一周	自知 而后自明	文化需求 期望与机会	我眼中的乡村教育 我对自己的期待 & 成就动机 回忆，教学经历中与我期待相关的一件事	描述在教学生涯中曾经经历过的一件事，这件事让我觉得自己在朝着我的期待前行。
第二周	自察 而后自信	内在需求 被需要的需要	我眼中的教师 教师的内与外 & 需要层次理论 回忆，教学经历中感受到我被需要的一件事	描述在教学生涯中曾经经历过的一件事，这件事让我觉得自己是被需要的。
第三周	自省 而后自主	关注 关注下一代	我眼中的学生 我最关注学生的哪些方面 & 教师期望效应的力量回忆，因为我的关注使学生发生变化的一件事	描述在教学生涯中曾经经历过的一件事，这件事让我觉得因为我的关注使一个学生发生了变化。
第四周	自励 而后自强	信仰 榜样的力量	分享感动中国人物张桂梅、支月英的事迹主题思考，为何他们感动中国？乡村教师的"傻"要如何理解 & 自我效能感回忆，教学经历中是否经历"傻"的瞬间或事件	描述在教学生涯中曾经经历过的一件事，这件事让我觉得自己会有点"傻"，但是却觉得很值得。
第五周	成人 而后达已	承诺 目标与决定	我眼中的承诺有关承诺的实验分享 & 承诺的力量回忆，教学经历中我对经历承诺印象深刻的一件事	描述在教学生涯中曾经经历过的一件事，这件事涉及承诺并让我印象深刻。
第六周	自勤 而后自成	行动 创造、维持、奉献	我持之以恒地做着或做过某件事我一般会如何行动 & 计划行为理论回忆，教学经历中我做出的与行动相关的一件事（如：教师公众号分享 / 组织活动分享）	描述在教学生涯中曾经经历过的一件事，这件事我觉得有意义，并主动行动，且坚持了一段时间。

教师的6节心理课

续表

带领者	时间	次数	

准

备

（例）

自我介绍→介绍团体辅导目标和注意事项→热身活动→形成小组

自我介绍：（1分钟）

各位老师晚上好，非常欢迎大家参与到我们今天笔尖力量的团体之中，我是今天的咱们团体的带领者——郭仁龙，我是……曾经……

开

始

阶

段

25分钟

介绍团体辅导目标：（1分钟）

过去各位老师把更多的时间花给了学生，那今天和未来五周，我们特别希望您能够在这里将花一些时间给我们自己，去关注我们自己，在这里我们将以团体的形式，通过一些纸笔练习、绘画、写作、当然最重要的是通过分享我们自己的故事和倾听别人的故事来帮助我们增强自我效能感和工作生活幸福感，也期待各位老师能够在这里能有一些幸福的感受和收获。我们今天的团体主题是××××，去聊一聊在我们的教学生涯中那些和××××相关的事情。

介绍注意事项：（1分钟）

第一，真诚地倾听。刚刚说到我们在团体会有很多彼此的分享，当别人在分享的时候，我们要做到真诚地倾听，不批评、不指责。

第二，保密。我们每位老师都会在这里分享一些真实的想法或者故事，但是这些想法或者故事老师可能并不想让除了咱们团体外的其他人知道，所以咱们一定要保密，在团体结束后我们可以把感受带走，把故事留下。

第三，投入。我们在这里投入得越多，越是真诚地分享、倾听、思考、参与，我们的收获也会越多。

带领者		时间		次数

带领者	
开 始 阶 段 25分钟	**热身活动：（4分钟）** 好~那说到这里啊，我想各位老师可能也听累了，那我们先来做一个热身小活动先放松一下，请各位老师像我一样伸出你的手。我们一起 ××××。 **分组与小组分享：（14分钟）** 下面请我们的助教老师，将我们的各位老师分到小组之中，分到小组之后请大家做三件事。 第一件事：向大家简单介绍一下自己并说说自己为什么来参加这个团体，那我给大家一个参考的句式，比如大家好，我是来自……（家乡）的 ×××，教授的科目是……目前教书已经……（教龄）啦，我参加这个团体的期待是…… 第二件事：自我介绍完后我们来做一个"相似圈"的小活动，来让大家接着了解你。每个人以"我想知道有谁和我一样……"为句式分享一个自己的兴趣、爱好、习惯都可以，如果你和分享者的一样，那我们就可以举手或者开麦告诉她，表示我和你也一样。如果你和分享者不一样那我们就对他竖起大拇指，表示你很独特，我们从生日月份最小的人开始依次分享。 第三件事：我们每个组选定一个小组长，组长的任务是什么呢？组长首先要带领组员给自己的小组起组名，定组规，比如刚刚我们前面说的要注意保密，要真诚倾听，其次，我们每次分享时间有限，我们的组长要把控好每位成员发言时间，让每位成员都有机会发言，最后，我们组长可以在我们的大组之中进行总结分享，当然我们的组长也可以邀请我们的成员去辅助完成计时和分享这些任务。

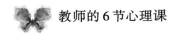
带领者		时间		次数	

开始阶段

25分钟

大组分享:（4分钟）

　　带领者选两个小组,请小组推选代表,每组在大组中有2分钟的分享。

工

作

阶

段

50分钟

（例）

活动一→大组分享→活动二→大组分享

活动一：乡村教育大画像（20分钟）

绘画:（3分钟）

　　现在请各位老师拿出我们事先准备的白纸,以"我和我眼中的乡村教育"为主题,在我们的纸上以任何各位老师喜爱的形式创作,我们鼓励您可以以绘画、文字的形式,我们的绘画、创作没有好坏、美丑之分,只是用来帮助我们表达的工具,我们相信您的每一份表达和创作都和你们教的学生一样珍贵。

小组分享:（12分钟）

　　创造完成之后,请各位老师在小组里展示一下自己的创作,向大家去分享以下几个问题:

　　1.您眼中的乡村教育是什么样的?

　　2.在这样的乡村教育中,您对自己又有什么样的期待?

　　我们每个人3分钟的时间,每个人讨论完后会给大家留2分钟的反馈讨论时间,请各组组长帮我们把握一下时间。

大组分享:（5分钟）

　　请大家分享一下自己在小组中的感受启发或者收获,虽然大家聊的内容不一样,但我们的感受是相通的……

带领者		时间		次数	

| 工 作 阶 段 50 分钟 | **活动二：记忆中的"期待"（30 分钟）**
 导入与冥想：（25 分钟）

 现在请大家闭上眼睛，找一个舒服的姿势，请大家和我一道慢慢地深呼吸，吸气，呼气，把我们的心情调整到一个平静的状态。现在请大家仔细回忆，在自己经历的教学生涯中，有没有一件事是和刚刚我们说的期待是相关的？它让你感觉到自己正在朝着自己的期待前行着，如果一时间没有想到也没有关系，我们可以在这里多花一点时间，如果你想到了，请你再想一想当时具体发生了什么？此刻你的心情如何？你有什么样的感受？我们在这里停留一会儿，各位老师可以仔细在脑海中回忆一下。好，现在请各位老师慢慢睁开眼睛，不知道大家现在感受如何？

 待会分组后，我们每位老师有 4 分钟的时间可以在小组里分享我们的故事。当所有老师分享完毕之后，我们每位老师每人有 1 分钟时间说说听了其他老师的故事，我现在有什么感受。

 大组分享：（5 分钟）

 带领者选两个小组，请小组推选代表，每组在大组中有 2 分钟的分享。 |

带领者		时间		次数	
结 束 阶 段 10分钟	（例） 告别和感谢→总结 **告别和感谢：（8分钟）** 　　那今天我们的团体就要到这里了，我们最后一次回到今天的小组，每人有一分钟的时间可以向其他成员表达告别和感谢。 **总结：（2分钟）** 　　回到大组：最后我也想感谢每一位老师在这里真诚地分享，耐心地聆听，也提醒大家不要忘了我们的保密原则，带走我们的感受，留下听到的故事。那我们今天的团体到这里就结束了，最后，给各位老师留一个小练习，我知道在刚刚回忆期待小故事中时间十分有限，还有很多没来得及说的，不适合说的，希望今天的活动可以成为一个引子。请各位老师以写作的形式把它们记录下来，没有字数限制，但希望各位老师在安静、独立、平稳的环境下书写，也可以像我们刚才一样，书写之前做一个正念的小练习，帮助我们自己修心静心后再去记录书写，书写时间尽量不少于10分钟。我们今天就到这里，各位老师下周同一时间，我们再见。				